LUCIE DELARUE-MARDRUS

LA
FIGURE DE PROUE

PARIS
BIBLIOTHÈQUE-CHARPENTIER
EUGÈNE FASQUELLE, ÉDITEUR
11, RUE DE GRENELLE, 11

1908
Tous droits réservés

LA FIGURE DE PROUE

© 2024, Lucie Delarue-Mardrus (domaine public)

Édition: BoD • Books on Demand GmbH, In de Tarpen 42, 22848 Norderstedt (Allemagne)

Impression: Libri Plureos GmbH, Friedensallee 273, 22763 Hamburg (Allemagne)

ISBN: 978-2-3225-5691-5

Dépôt légal : Août 2024

La figure de proue allongée à l'étrave,
Vers les quatre infinis, le visage en avant
S'élance ; et, magnifique, enorgueilli de vent,
Le bateau tout entier la suit comme un esclave.

Ses yeux ont la couleur du large doux-amer,
Mille relents salins ont gonflé ses narines,
Sa poitrine a humé mille brises marines,
Et sa bouche entr'ouverte a bu toute la mer.

Lors de son premier choc contre la vague ronde,
Quand, neuve, elle quitta le premier de ses ports,
Elle mit, pour voler, toutes voiles dehors,
Et ses jeunes marins criaient : « Au nord du monde ! »

Ce jour la mariait, vierge, avec l'Inconnu.
Le hasard, désormais, la guette à chaque rive,
Car, sur la proue aiguë où son destin la rive,
Qui sait quels océans laveront son front nu ?

Elle naviguera dans l'oubli des tempêtes
Sur l'argent des minuits et sur l'or des midis,
Et ses yeux pleureront les havres arrondis
Quand les lames l'attaqueront comme des bêtes.

Elle saura tous les aspects, tous les climats,
La chaleur et le froid, l'Équateur et les pôles ;
Elle rapportera sur ses frêles épaules
Le monde, et tous les ciels aux pointes de ses mâts.

Et toujours, face au large où neigent des mouettes.
Dans la sécurité comme dans le péril,
Seule, elle mènera son vaisseau vers l'exil
Où s'en vont à jamais les désirs des poètes ;

Seule, elle affrontera les assauts furibonds
De l'ennemie énigmatique et ses grands calmes ;
Seule, à son front, elle ceindra, telles des palmes,
Les souvenirs de tant de sommeils et de bonds.

Et quand, ayant blessé les flots de son sillage,
Le chef coiffé de goëmons, sauvagement,
Elle s'en reviendra comme vers un aimant
À son port, le col ceint des perles du voyage,

Parmi toutes les mers qui baignent les pays,
Le mirage profond de sa face effarée
Aura divinement repeuplé la marée
D'une ultime sirène aux regards inouïs.

… J'ai voulu le destin des figures de proue
Qui tôt quittent le port et qui reviennent tard.
Je suis jalouse du retour et du départ
Et des coraux mouillés dont leur gorge se noue.

J'affronterai les mornes gris, les brûlants bleus
De la mer figurée et de la mer réelle,
Puisque, du fond du risque, on s'en revient plus belle,
Rapportant un visage ardent et fabuleux.

Je serai celle-là, de son vaisseau suivie,
Qui lève haut un front des houles baptisé,
Et dont le cœur jusqu'à la mort inapaisé,
Traverse bravement le voyage et la vie.

PREMIER ISLAM

AUX QUITTÉS

Je m'en irai bien loin des villes où vous êtes,
Sans au revoir et sans adieu. Je m'en irai

Hors de vos glas européens et de vos fêtes,
Ouvrir ailleurs mes yeux de Pharaon doré.

L'Afrique chaude où l'air a le goût des bananes
Ou des dattes, me tend ses sables éblouis.
J'aimerai ce pays qui n'est pas mon pays,
Je le posséderai dans des mains musulmanes.

Je ferai ruisseler entre dix ongles roux
La pourpre de son cœur qui bat dans les sanguines.
Je m'envelopperai des blancheurs bédouines
Pour n'inquiéter pas sa gazelle aux yeux doux.

Pour être son petit cavalier fier et fourbe
Ivre de violence au vol des étalons,
J'enjamberai les bonds d'un cheval au col courbe
Qui porte un talisman parmi ses cheveux longs.

Elle me livrera des villes de chaux pâle
Où je viendrai m'asseoir au cœur du contretemps
Des tambours, dans l'odeur d'encensoirs excitants,
Et son parler fera ma bouche gutturale.

J'étreindrai ses moissons, son Sahara, ses eaux,
Ses cités, et j'aurai sa fleur à mon oreille.
Et chaque soir tombant me verra moins pareille
À vous, sang de mon sang, substance de mes os !

Quel souvenir pourrait traverser mon Afrique ?

Je ne vous connais pas, je ne vous aime pas,
Je n'ai rien su de vous que d'amer ou de bas ;
Vous avez offensé mon cœur mélancolique.

— Quel souvenir sinon le regret plein d'amour,
À travers l'éternel soleil sans espérance,
De sentir vivre en moi, comme un sous bois de France,
Un seul rond de lumière et toute l'ombre autour ?...

PRIÈRE MARINE

À travers des chemins nuptiaux d'orangers,
Je suis venue à toi, mer Méditerranée,
Et me voici debout, face à face, étonnée
D'ouvrir sur ta splendeur mes regards étrangers.

Ce soir, ce premier soir, t'es-tu faite si pâle
Pour ne pas m'offenser de tes bleus inouïs.
Toi qui n'es pas l'horizon gris de mon pays.
Mer éternellement, rythmiquement étale ?

Je tremble de venir à toi, de t'apporter
Toute mon âme où crie et chante l'Innommable…
Quoique fille d'ailleurs, voudras-tu m'adopter,
M'enseigner le secret de tes eaux sur ton sable ?

Ah ! berce-moi, beau flot qui ne me connais point,
Moi qui suis veuve de ma mer et de ma terre,
Moi qui t'aime déjà, moi qui viens de si loin,
Moi qui voudrais commettre avec toi l'adultère !

CONFRONTATION

À travers la douceur de tes jeunes jardins,
Je m'avance vers toi, Tunis, ville étrangère.
    Je te vois du haut des gradins
De ta colline d'herbe et de palmes légères.

Tu es si blanche, au bord de ton lac, devant moi !
Je m'étonne du bleu de ton ciel sans fumées,
J'imagine, à te voir, des heures parfumées
D'encens, de rose sèche et de précieux bois.

Avant toi, j'ai connu d'autres villes du monde,
Villes d'Europe avec la lance dans le flanc.
    Villes du Nord, villes qui grondent
Et qui ne savent rien de ton chaud manteau blanc.

Avant toi, j'ai connu ma ville capitale :
Elle éparpille à tous son sourire éblouissant ;

Mais, noire sur son fleuve pâle,
Quel secret filtre, au soir, de ses soleils de sang !

Avant toi, j'ai connu ma ville de naissance,
    Ma petite ville si loin,
    Dans sa saumure et dans son foin.
Qui sent la barque et les grands prés, qui sent l'absence.

Maintenant, devant toi, blanche et couchée au bord
De ton lac, ô cité du milieu de ma vie,
    Je pense avec peur, sans envie,
Qu'existe quelque part la ville de ma mort.

Et c'est rêvant ainsi sous les palmes légères
    De ta colline aux verts gradins.
Que je descends vers toi, Tunis, ville étrangère,
À travers la douceur de tes jeunes jardins.

CIMETIÈRES

I

Le cimetière, avec sa flore d'abandon
Et le silence heureux de la mort musulmane,

S'ouvre parmi l'odeur d'épices qui émane
De la belle Tunis, la ville d'amidon.

Ils ont clos pour jamais leurs yeux mélancoliques,
— Néant si simple sous la mousse ou les épis ! —
Tous ceux-là qui vivaient en rêvant, accroupis
Dans les plis éternels de leurs manteaux bibliques.

Sur leur vie et leur mort, un immuable été
Plane, faisant du tout une seule momie…
Je veux vivre comme eux et mourir, endormie
Dans le grand linceul blanc de la fatalité.

II

Je hantais les jardins de la mort étrangère,
À travers les printemps royalement fanés
D'Orient. Les grillons étaient passionnés,
Et les herbes pliaient sous mon ombre légère.

Sous les hargneux cactus et mimosas défunts,
Rousse, la mousse, au long des pierres funérales.
Nulle fleur sur ces morts ne couve de parfums
Dont rafraîchir un peu leurs âmes gutturales.

Moi, je regarde, avec l'Europe dans les yeux.
L'indifférent repos de cet Islam en cendre,

Sachant bien que je puis les aimer et comprendre.
Mais que je ne serai jamais semblable à eux.

Car mon sang est chargé de nos métaphysiques,
Et nos raisonnements sont au fond de mes os.
Je suis, seule en ce lieu sans verdure et sans eaux,
Nos sciences, nos arts, nos métiers, nos musiques,

Et, sentant vivre au fond de ce vieux sang chrétien
Les nations de l'Ouest douloureuses et fortes,
Je connais qu'un Esprit dissemblable du mien
Erre dans ce jardin, monté des moelles mortes…

Dormez. Rêvez. Cuvez le haschich de la mort.
Vos spectres sont sortis des pierres par les brèches,
Et ce sont ces vivants en longs plis, aux peaux sèches,
Accroupis au soleil sur leur race qui dort.

ÉGYPTIENNE

Dans le luth, dans les coups de la darabouka,
Dans le chalumeau peint, criard et ineffable
Rythmant à contretemps tout le pays arabe,
Revit pour moi la mémoire de Wassila,

De sa face d'Égypte inspirée et foncée,
Qui véhémentement se détournait de nous,
Lorsque, le cœur battant, les paupières baissées,
Elle-même souffrait de son chant rauque et doux.

Contre son luth profond, la revoir comme morte
D'avoir trop sangloté ce monotone amour
Qui passait dans mon âme étrangère, plus sourd,
Plus triste et plus obscur que le vent dans les portes !…

J'avais sans le savoir un peu de passion
Pour ton profil à cheveux courts de Pharaon,
Ton sombre contralto, tes lèvres violettes…
Et maintenant, ton visage lointain, ton nom,
Ta voix, sont sur mon cœur comme des amulettes.

ERREMENT

Ayant à la tempe une fleur d'asphodèle
Et l'antiquité au fond de mon esprit,
Je rôde le long de la mer immortelle
Dont, nue au soleil, la déesse naquit.

Je plonge mes mains dans la vague latine
Toute creuse encor d'avoir conçu des dieux,

Et regarde au loin les eaux boire les cieux
Afin d'en nourrir leur couleur intestine.

Je vais seule ainsi, tremblante sur le bord,
Redoutant, au cœur d'algues ébouriffées,
De rencontrer, un soir d'orage, le trésor
De la tête charmante et terrible d'Orphée…

TEMPÊTE

Toi si douce, si bleue au bout de tout chemin,
Mer, tu n'es plus ce soir qu'une ombre qui déferle
    Dans l'orage couleur de perle.

J'entends au loin crier, la bouche à leurs deux mains,
Les millions surgis de sirènes mêlées
    De tes vagues échevelées.

Veux-tu de moi ? j'irai jusqu'à toi, cette nuit.
Tes passions avec leurs dégâts et leur bruit
    Ne grondent pas plus que les miennes.

J'irai ! Ce souffle rauque est celui qu'il me faut,
Et vous vous souviendrez des râles de Sapho,
    Fureurs méditerranéennes !

LIBATION

Les coquilles qui ont la courbure des vagues
Conservent les couleurs de l'aube et du couchant
Dans leur intimité qui luit comme une bague,
Et la mer tout entière y a laissé son chant.

C'est pourquoi je prendrai dans mes mains l'une d'elles,
Et, remplissant ce soir cette coupe à la mer,
J'en ferai déborder le contenu amer
Sur le sable qui le boira, — afin que celle
Qui habite le flot méditerranéen,
La sirène d'ici, connaisse mon dessein
D'honorer grandement sa splendeur inconnue
Et veuille m'accorder aussi la bienvenue…

PRINTEMPS D'ORIENT

Au printemps de lumière et de choses légères,
L'Orient blond scintille et fond, gâteau de miel.
Seule et lente parmi la nature étrangère,
Je me sens m'effacer comme un spectre au soleil.

Je me rêve au passé, le long des terrains vagues
Des berges et des ponts, par les hivers pelés,
Ou par la ville, ou, les étés, le long des vagues
De chez nous, sous les beaux pommiers des prés salés

Roulant le souvenir complexe de moi-même
Et d'avoir promené de tout, sauf du mesquin,
Je respire aujourd'hui ce printemps africain
Qui germe à tous les coins où le vent libre sème.

Ceux qui ne m'aiment pas ne me connaissent pas,
Il leur importe peu que je meure ou je vive,
Et je me sens petite au monde, si furtive !…
Mais de mon propre vin je m'enivre tout bas.

Je m'aime et me connais. Je suis avec mon âge
De force et de clarté, comme avec un amant.
Le vent doux des jardins me flatte le visage :
Je me sens immortelle, indubitablement.

ORANGERS

Sous-bois d'orangers lourds des fruits de Février.
Un Orient de soleil tendre et d'herbe verte.
On voit au clair les rangs des sanguines briller.

Va-t-on pouvoir, la face haute et découverte,
Boire à longs traits le ciel méditerranéen ?
Ah ! terre heureuse ! Il me souvient ! Il me souvient !
À deux mains j'ai levé la sanguine cueillie ;
La goutte de sa chair sombre et rouge, jaillie
De la blessure de l'écorce, un sang sucré
Parmi le bleu du ciel, jusqu'à l'herbe a pleuré
Si fort !… Et j'ai senti, sous mes ongles arides,
Saigner entre mes doigts le cœur des Hespérides.

ENSEIGNEMENT

Aujourd'hui, sur le bord de la mer sans marée
Et si claire au soleil qu'on la voit jusqu'au cœur,
J'adore en mon esprit Sapho désespérée,
Qui, lasse, y abîma sa joie et sa douleur.

Écoutant jusqu'à moi gronder l'ode éternelle
De l'eau bleue où tous les tourments sont confondus,
Je crois que cette mer m'apprend les chants perdus
De la lyre saphique encor vivante en elle…

BRISE

Au soleil d'aujourd'hui, le vent qui vient de terre
Rebrousse doucement la mer et la moisson,
La Méditerranée est lourde du mystère
Des couleurs ; elle brille et vit comme un poisson,

Comme, étalée au cœur des caps, une méduse
Qui se rétracte un peu sur la roche qu'elle use
Et prolonge le bleu de ses bras assoupis
Jusqu'au milieu de l'or terrien des épis.

— Et mitoyenne, seule et grande, tu te poses
Entre les horizons mêmement ondulés.
Pour, debout sur la houle identique des choses,
Goûter le sel des eaux et le sucre des blés.

SÉDUCTION

La petite beauté musulmane, parée
De ses sauvages trois colliers,
La chère enfant de dix-sept ans toute dorée,
Debout sur ses pieds sans souliers,

Elle ne connaît rien des chétives romances
Dont vivent celles-là d'Europe, avec leur cœur
Cultivé jusqu'à la rancœur ;
Mais elle a deux yeux roux entre des cils immenses

Et, sachant relever et baisser lourdement
Ses deux paupières de musée,
Toute elle se revêt d'ingénuité rusée
Sitôt qu'on la regarde avec un air d'amant.

Elle ne pense pas. Sa beauté n'a pas d'âme.
Mais on voit panteler jusqu'au fond de ses yeux
Cet animal divin, la femme,
Et cela vaut autant qu'une âme — et même mieux.

SOIR DE TUNISIE

Cette lune levée au-dessus de l'avoine
Brille à l'horizon comme une sardoine.

Au bout de la moisson africaine, la mer
Continue au loin comme un champ plus clair.

Un palmier, verticale unique, étend ses palmes

Parmi ces épis et ces vagues calmes.

Quant à nous, écoutant quelle sera la voix
Des champs, de la lune et des flots qu'on voit,

Nous n'entendons, dans tout l'espace, que le verbe
D'un grillon qui chante au bout d'un brin d'herbe.

SILLAGE

Tu es beau, tu es doux, commencement du soir,
Quand je vais sur la grève africaine m'asseoir,
Dans le creux d'un rocher pour longtemps installée
Comme attendant toujours qu'une dame salée,
Ma furtive, glissante et singulière sœur
Monte pour moi du fond des eaux avec douceur,
Lorsqu'il n'apparaît rien qu'une dolente lune
Qui, pleurant sur la mer sa lueur opportune,
Éteint dans la froideur d'un long ruisseau d'argent
Les dernières rougeurs du soleil outrageant.
Et dit à mon espoir que, sur les vagues, traîne
Le sillage luisant et bleu de ma sirène…

LE BAIN

Tu sentiras ton corps rester longtemps amer
De s'être trempé nu dans le sel de la mer
Quand l'été flamboyant desséchait les journées,

Alors que ta blancheur verdissait doucement,
Laissant passer sur elle, en un glauque tourment,
La respiration des vagues alternées,

Et qu'allongée au cœur des algues, sous les eaux,
Tu sentais la fraîcheur pénétrer dans tes os
Et toute la saumure émouvoir tes narines…

— Ô molle floraison des choses sous-marines !
Ô vague ! Ô se rouler dans un liquide éclair
Et mêler ses cheveux aux cheveux de la mer !

NUIT

Un champ d'orge, un beau lac au bout,
La lune en croissant sur le tout,

Et nous deux qui rôdons ensemble.

Cela fait un printemps de nuit,
Un orient pâle et sans bruit
Qui vaut le soleil, que t'en semble ?

Viens ! nous ne nous parlerons point.
Une grenouille chante au loin,
Seul accent du lac taciturne.

Il ne fait ni sombre ni clair :
Veux-tu ? — Comme dans une mer,
Noyons-nous dans l'orge nocturne…

DANS LES JARDINS

I

Nous faisions d'émouvants bouquets de mariée,
    Sous l'orientale feuillée.

Vous prenions des rameaux d'oranger, les mêlant
    Aux immaculés iris blancs.

Les monts harmonieux, à travers les lianes,
    Montraient leurs lignes presque planes.

Le beau temps sur la mer répandait la lueur
    De son ciel pâle de chaleur.

Nous pensions, au milieu des jardins solitaires,
    Être restés seuls sur la terre.

Et nous allions ainsi, lentement, devant nous,
    Sans nous parler, sans savoir où,

Jusqu'à ce que la nuit tombât sur notre joie
    Comme un subit oiseau de proie…

II

Jour d'Afrique mouillée et chaude, averse molle…
Lorsque, dans les jardins arabes, les odeurs
Comme des guêpes nous attirent vers les fleurs,
Au passage, ma bouche ouvre une rose folle.

Et, relevant au ciel mon visage arrosé,
Je cours de-ci de-là, tout ivre du baiser,
Croyant que le printemps, sur des lèvres naissantes,
M'a donné tout à coup son âme adolescente.

III

L'odeur des fleurs mêlée à la brise marine,
    Dans les jardins carthaginois,
Nous laisse sans désir, sans pensée et sans voix.
Toute notre âme est dans nos yeux et nos narines,
    Le printemps dit : « Respire et vois ! »

Voici la mer. Voici les fleurs. Regarde ! Écoute !
    Porteurs de branches d'oranger,
D'œillets poivrés, d'iris fastueux et légers,
En rentrant à la nuit, lents et les bras chargés,
    Nous nous effeuillons sur les routes.

MÉMOIRE

Nous montâmes souvent, les nuits, sur nos terrasses
Au plus chaud des printemps royalement fanés
D'Orient, pour sentir, enfants passionnés,
Les étoiles pleuvoir doucement sur nos faces.

Et, comme les champs gris trépidaient de grillons,
Nous étions étonnés de sentir jusqu'aux moelles

L'espace clignoter et vibrer les sillons,
Et qu'il y eût autant de grillons que d'étoiles…

CONQUÊTE

L'Afrique déboisée où l'orge est déjà grande
Balance en plein soleil un printemps vert amande.

Nous avançons le long d'une route sans fin
Où l'odeur des épis dans le vent donne faim.

Pour fermer le quadruple horizon des campagnes,
Il s'élève une tour de Babel de montagnes.

— Qui me dira pourquoi, loin du sol coutumier,
Mon cœur se gonfle ici comme un cœur de fermier ?

Pourquoi, devant la houle immense de cette orge
Et ces monts, je suis prise âprement à la gorge,

Pourquoi je sens, au fond de mon sang terrien,
Qu'en somme, et malgré tout, ce pays m'appartient ?

BERCEMENT POUR MA SIESTE

L'été pousse sur nous, du fond de l'Orient,
    Son étincelante marée.
Que tes rideaux soient clos sur le dehors brillant,
Et que ta sieste soit comme une mort dorée.

L'ombre chaude est sur toi. Tes colliers sont éteint.
    Prends ta nuque dans tes mains vides ;
    Endors-toi dans tes ongles teints,
    Le front rose et les pieds livides.

Laisse soyeusement épouser ton contour
    Tes deux robes asiatiques,
Et panteler encore un souvenir d'amour
    Dans tes narines pathétiques.

Dors. Je veux qu'un sommeil tellement merveilleux
    Pénètre tes veines bleuâtres
Que tu sentes tomber lourdement sur tes yeux
    Les paupières de Cléopâtre…

SOUDANAIS

Notre ordre impérieux à l'insolite nègre
L'a descendu soudain de son vieil âne maigre.

Sa jupe de chacals vole, et son tambour peint
Gronde, et son masque est fait d'une peau de lapin.

Les cent miroirs cousus à son bonnet sauvage
Éclatent au soleil, au rythme de sa rage.

Il semble ainsi, du haut de ses contorsions,
Jeter autour de lui des constellations.

Tout le voyage au loin danse avec ce nègre ivre.
Ai-je enfin vu de près ce qu'on lit dans les livres ?

L'ÉTÉ

L'été... L'Afrique fauve est couleur de lion.
La chaleur a brûlé le cri frais du grillon.

Voici l'âpre plaisir de la ligne sévère.

Sur les plaines sans fin, le soir se désespère.

Un berger bédouin, brun de robe et de peau,
Ne se distingue point du sol et du troupeau.

Autour de son pas lent, pris par la nuit soudaine,
Ses moutons ont tassé leurs pauvres dos de laine,

Et, comme reculés dans un commun effort,
Devant le couchant rouge ils bêlent à la mort.

CIGARETTE DORÉE

Je sentais de profil brûler mon œil étrusque
Comme dans le musée ancien que nous aimons,
Et fumais... Tout à coup surgit l'ivresse brusque
      D'une bouffée en pleins poumons.

Lors, ce qui passe et vit dehors contre les vitres
Entra. Ce fut un monde invisible et divin.
Une chèvre bêla comme un faune. Il advint
      La matière de cent chapitres.

Il advint le mystère ordinaire des jours
Qu'on ne peut percevoir parce qu'on n'est pas ivre,

Parce qu'étant normal on est aveugle et sourd
    Et qu'on se contente de vivre.

Plus besoin de mourir pour trouver du nouveau !
Je vois ! L'Univers pâle est grouillant de merveilles.
Toutes mes personnalités se font pareilles,
    Et je n'ai plus qu'un seul cerveau.

Je suis simple d'esprit ! Des bravoures assises
Nous en avons fini, cœur las et fanfaron !
Je vais pouvoir ce soir comparaître aux Assises
    Internes, qui m'acquitteront.

Je vais enfin marcher au pas avec la clique
De la vie, et jouir de son quotidien,
La routine ? Elle était sublime. Tout est bien.
    Tout se débrouille, tout s'explique.

Les villes et le reste à l'extrême horizon,
Les mers où le vent claque aux voiles ineffables,
Tout respire dans l'or et les couleurs des fables :
    Nos enfances avaient raison.

Et, s'il faut l'attester, la miette de joie
Témoigne : le bonheur attend dans les chemins.
— Voici le bout doré, vraie et première proie
    Qui me demeure dans la main.

FUMERIE D'ÉTÉ

I

La maison est obscure au fond de la chaleur.
Comme, profondément, je respire l'étoile
De tabac, l'existence est à travers un voile,
Hormis l'étoile en feu qui ravage mon cœur.

Je suis d'avance mûre en longs plis. Je possède
Des sens orientaux rêvés par l'Occident.
Dans ma bouche, déjà, la mort montre les dents,
Mais l'été m'engourdit d'un bercement si tiède !

C'est l'absence. Ce sont les jours coloniaux.
On ne pourra jamais revenir de ces choses ;
On est la cantharide ivre au creux d'une rose…
Au retour, nous serons étrangers jusqu'aux os.

Qu'on se taise. Je vis d'ouate et de silence.
Maintenant, maintenant, saurais-je d'où je sors ?
Est-ce que je finis ? Est-ce que je commence ?
— Qui me fera jamais lever d'entre les morts ?

II

Petite cigarette en or d'extrême été
    Au bout de quoi le monde flanche,
À cause de ton feu mon être est tourmenté
    Par un songe de ma peau blanche.

Loin d'ici, des drapés sur des visages bruns,
    Des jours les plus chauds de la terre,
Des pâmoisons de fleurs couveuses de parfums,
    J'ai rêvé de rhum solitaire.

Parce que les regards humains qui me voyaient
    Ne pouvaient pas voir mes merveilles,
J'ai voulu de grands soirs marins qui louvoyaient
    D'Anglais seul avec ses bouteilles,

Pour, loin à tout jamais des mondes, sur un flot,
    Parmi l'odeur saumâtre, vivre
Dans la cabine saure et contre le hublot
    Ineffable d'un bateau ivre.

SIESTE

Les regards et les dents brillent comme des perles
Au fond de la maison obscure,
Cloche de fraîcheur, nuit légère qui dure
Dans l'océan de la lumière qui déferle.

L'Afrique est tout autour de la maison, et brûle.
Fermez les volets, fermez les rideaux !
Pour que l'insoutenable été s'annule
Contre ces rideaux et ces volets clos.

Une croix de feu flamboie aux fenêtres,
Mince filtration du dehors sans espoir,
Et l'on entend autour de soi l'errement noir
Des mouches ivres de bien être.

Ah ! couchons-nous morts de fatigue dans les lits,
Parmi le petit bruit de ces mouches funèbres,
Et dormons enroulés au quadruple repli
De la paradoxale et fragile ténèbre !…

UTIQUE

Le bonheur monotone et grave de l'espace
Nous laissa souvent seuls avec les horizons
Où rôdait au couchant notre âme jamais lasse
De voir le beau soleil sombrer dans les moissons.

Le soir nous attirait vers les plaines d'Utique
Où les blés infinis se mouraient de chaleur,
Où, le long des sentiers, le sol trois fois antique
Ne nourrissait plus rien que des chardons en fleur.

Et, quand la nuit subite avait éteint la plaine,
En rentrant on voyait dans le faux poivrier
Qui longe la maison solitaire, briller
En face du couchant fini, la lune pleine…

PASSANTS

Utique. Un infini paysage de lignes
Sur la profusion monotone des blés.
Calme des horizons à jamais accablés
Du désastre éternel de mémoires insignes !

Sur la route où commence à peine le couchant,
Pas un arbre, pas un ruisseau, pas une ville.
Seul accident, parmi la chaleur immobile :
Nobles et loqueteux, deux Arabes marchant.

On voit ces mendiants au soleil qui se couche.
Quels rois seraient comme eux candides et sacrés,
Allant on ne sait où sur la terre, et la bouche
Jouant de deux roseaux longs et peinturlurés ?…

Ainsi vont-ils, passants de la route d'Utique,
Au milieu des cités et des temples perdus,
Et la nuit qui descend songe à la flûte antique
Et danse devant eux dans les épis aigus.

MALARIA

I

Si tu veux bien, rentrons. Il ne fait plus très clair.
Le soleil dans les blés meurt comme dans la mer.
Vers la source d'eau chaude où des palmes se mouillent,
La terre est craquelée et grouille de grenouilles.

La plaine serait-elle un marais desséché ?
Quel est l'instinct qui fait que nous serrons les lèvres ?
— Ah ! j'ai peur ! Pourquoi donc tremblons-nous, si la
Fièvre
Ne rampe pas vers nous comme un monstre caché ?...

II

Enfermez les enfants, voici le crépuscule...
Dans les blés, le soleil est presque trépassé.
Un monstre doucereux sort du sol crevassé :
C'est l'heure... Sentez-vous la fièvre qui circule ?
— Enfermez les enfants, voici le crépuscule.

Les enfants resteront derrière les carreaux
À regarder de leurs grands yeux, brûler la plaine.
Fermez tout ! L'été souffle une terrible haleine !
— Sans jouer, sans parler, menacés dans leurs os,
Les enfants resteront derrière les carreaux...

RAMADAN

Nous respirions la nuit de rose et de gingembre
Et les cires en pleurs des chandelles fondant,
Quand, nuageuse un peu par le vent de novembre,
Flottait, pleine, la lune, au ciel du Ramadan.

Nous aimions qu'insistât si fort une flûte aigre
Et les coups indécents du contretemps d'ici ;
Ombre portée au mur, nous aimions les deux nègres
Compositeurs, forgeant tout ce tapage-ci,

Karakouz, papillon de nuit, ombre chinoise
Se démenant au fond de son théâtre étroit,
Jetant autour de lui, selon ce qu'il dégoise,
Une profusion de rires ou d'effroi.

Guêpes, nous visitions la nuit de sucrerie,
Les gâteaux étages où penche un œillet vrai.
L'Arabie en plis blancs nous regardait de près
Sans nous voir, les yeux longs et noirs de rêverie.

— Prononcez Orient, prononcez ce mot-ci,
Vous autres qui toujours pensez aux trois rois mages !
Pour nous, de chair et d'os et d'aujourd'hui, voici
Que nous vivons dans l'or des très vieilles images.

La ville autour de nous poursuit sans rien savoir
Sa coutume. Elle boit, mange, prie et se farde,
Et nous sentons, perdus dans l'Islam et le soir,
Toute l'Europe au fond de nos yeux qui regarde.

PAROLES SUR CARTHAGE

ORIENTATION

Avec le bercement au vent des asphodèles
Et la houle de l'orge aux épis inégaux,
Avec les vagues de ton golfe tu m'appelles,
Invisible et fascinatrice Karthago !

Ainsi soit-il !... J'irai vers toi, ville fantôme,
Afin que soit mon cœur à tout jamais hanté,

Et que j'erre, portant le fardeau dans mes paumes
D'un peu de tes grains d'orge et de l'Antiquité...

SOIR PUNIQUE

Mes mains et mon esprit te cherchent à tâtons
Devant la mer qui vit ta grandeur et ta perte,
    Ville qui dors sous l'orge verte
    Et la parole de Caton !

L'ombre éternelle tourne autour des mêmes cimes :
Seule je viens encore au milieu des cactus,
    Sur la ruine des ruines,
    Pour pleurer comme Marius.

Or, la nuit tombe. Un ciel orageux échelonne
Ses nuages le long des quatre horizons clairs,
Et, tandis que le flot roule encor des colonnes,
Le couchant reconstruit Carthage sur la mer.

CARTHAGE EST LÀ

Carthage est là ! Prends la pioche dans ta main
Et frappe n'importe où cette terre trop mûre :
      Punique, chrétien, romain,
Le sang des siècles sortira de la blessure.

Carthage est là ! Prends garde aux spectres ! Sous tes pas
Toute l'histoire dort et la plaine regorge.
Le vent passe. Les champs remuent. Les épis d'orge
Recommencent la houle antique des combats.

Marius pleure encor dans ce ruisseau qui flue ;
Au cœur de ce couchant saigne la mort des saints ;
Droite sur les faisceaux des cactus assassins,
Dans ce petit cyprès Salammbô te salue.

Regarde ! la nuit plane et s'abat. Il fait noir.
— Est-ce Tertullien ou la voix des colombes ?
Retourne-toi ! Tes yeux peuvent encore voir
Les vagues de la mer, creuses comme des tombes.

Le flot vient de noyer la torche que brandit
Sur l'orgueil des cités le soir incendiaire.
      Silence sur mer et sur terre !
Carthage est morte à tout jamais : Caton a dit.

LES BEAUX PIGEONS

Les beaux pigeons de l'ancienne Mégara
Que voici dans le plein soleil et en grand nombre,
Reviennent sur le sol, d'où leur vol s'effara,
Rejoindre, blancs, l'exact pigeon noir de leur ombre.

Dis ? verrons-nous, tant il fait bleu, tant il fait beau,
Et parce que nos cœurs hantés sont remplis d'elle,
Au milieu des roucoulements et des coups d'aile
Passer le spectre inexprimable, — Salammbô ?...

COQUELICOTS

Seule, je parcourais la colline punique
Et féroce, où guettaient encore des échos,
M'épouvantant de voir, le long des champs tragiques,
    Ces mares de coquelicots.

De si vastes, profonds, écarlates espaces,
    Nul n'en a jamais vu. Par places,
C'était, dans l'herbe haute où je me promenais,
Comme si, largement, les ruines saignaient...

— Serait-ce que la Souvenance
À travers cette terre où plus rien n'est vivant,
Incita le hasard vagabond et le vent
À ces semailles-ci qui demandent vengeance ?

AVERTISSEMENT

Les ruines de ces palais carthaginois
Sont encor la cité des squelettes sournois
Couchés tout de leur long parmi leurs amulettes.

Maisons sans murs, humains sans chair… Quand, vers le soir,
Dans quelque ancien tombeau nous irons nous asseoir,
Parlons tout bas de peur d'éveiller le squelette,

Si nous ne voulons pas qu'il rampe jusqu'à nous
Sans bruit, comme un serpent ou comme une belette,
Et plonge dans nos yeux le regard de ses trous.

LUNE

Salée encor, humide encor, perle pêchée,
La pleine lune vient de sortir de la mer,
Et, ce soir, ma pensée ardente est attachée
Au nocturne visage, épouvantable et clair.

Visage ! Éternité de la lune apparue
Qui laisses l'infini des eaux pour l'infini
Du ciel, viens-tu régner sur ta ville perdue ?...
— Es-tu là, Karthago ?... Tanit ! Voici Tanit !...

« DELENDA EST... »

Nous hanterons longtemps cette mer jamais basse
Dans laquelle sombra toute l'antiquité,
Où les cailloux mouillés d'écume qu'on ramasse
Se souviennent encor d'avoir été sculptés.

Carthage ! nous irons par tes moissons tranquilles
Que les souffles marins remuent profondément,
Et nos pieds blesseront une ou deux ou trois villes
Mortes devant tes flots royaux de diamant.

Le Souvenir fera rouler les mers humaines
Qui, furieusement, se heurtèrent ici,
Et les soirs empourprés reparleront des haines
Dont les champs et les eaux font encor le récit…

Ah ! cette âpre cité qui ne veut pas se taire !
Que dit Caton, ce soir ?… Morte, Carthage ? — Non
L'Invisible, debout, surgit de cette terre,
Et voici devant nous plus qu'une ville : un nom.

BARBARESQUES

AU PALAIS DU FRÈRE DU DEY

    Au palais du frère du Dey,
Comme nous regardions par les fenêtres sombres
Descendre vers la mer les jardins rayés d'ombres,
Nous sentions le présent peu à peu s'éluder.
Un fantôme rôdait, de songe et de science,
Et le marbre, le bois, les ors et la faïence
Étaient autour de nous, à jamais possédés.

    Par ces splendeurs mahométanes,
Ainsi, dans ce palais, la nostalgique Alger
Persistait, comme, assise en colliers d'oranger,
Une dernière, molle et fatale sultane ;
Et, le long des bassins et colonnes des cours,
Nous cherchions cette perle humaine d'anciens jours,
Sous le feuillage large où naissent les bananes.

    Nous fûmes, regardant de près,
Parmi les rangs d'arums et d'iris des allées,
Admirant l'air, le ciel au-dessus des vallées,
La Méditerranée à travers les cyprès
Et sa lointaine coupe arrondie et si bleue,
— Comme jadis se promenait la race feue
Qui n'avait point prévu ceux qui viendraient après.

Et de ce lieu nous emportâmes

Seulement le fragile et funèbre trésor
D'une rose trouvée au pied d'un rosier mort,
Rose fanée ainsi que se fanent les femmes,
Les cités sur la mer, les races et les temps,
Et qui garde, arrachée aux rameaux mécontents,
L'odeur des vieilles fleurs et des anciennes âmes…

RÉMINISCENCE

Comment fixerions-nous la minute qui passe ?
Dans la villa du Gouverneur,
Devant la mer, le ciel et les jardins en fleur,
N'avons-nous pas redit un poème d'Horace ?

Ainsi nous honorions tout bas le beau matin
D'avril, la maison à mi-côte
Et tout l'harmonieux paysage latin
Que baigne mollement une mer toujours haute.

Car n'était-ce pas là ce qui montait du sol,
De la blanche maison tacite,
Des iris blancs et noirs sous des pins parasol,
Du golfe bleu que frise une vague classique ?…

AMERTUME

Ces dernières splendeurs déjà désaffectées,
Ces quelques beaux palais dans leurs jardins charmants
Verront monter aussi le noir déferlement
Des vagues de l'Ouest sur eux précipitées.

Alger l'ancienne, Alger, belle galère d'or
Qui manœuvrais sous tes forbans nerveux, si fière,
Équipage vaincu dont le navire est mort,
Quel dur écueil t'a fait échouer, ô galère ?

Les soirs, dans l'arrogance et le sang des couchants,
Nous regardons avec douleur tout ce qui manque
À ton passé ; nous regardons la ville franque
Qui met sur ton visage un masque aux yeux méchants,

Et nous voyons, dans le profil de ta mosquée
Demeurée au milieu de l'étranger amer,
Un dernier vieil Arabe à figure busquée
Assis seul et pensif à regarder la mer.

SIRÈNE

L'habitante des mers tièdes et sans marée
Qui cligne doucement des cils orientaux
Saura-t-elle abolir la voix désespérée
De celle assise au cœur de mes natives eaux ?

Ne le dis pas ! je sais que ta face est très pâle
Et si tristes tes yeux qu'ils ont pleuré la mer,
Certes point le bain bleu que nourrit ce ciel clair
Mais la mer rétractile et septentrionale,

La grise mer, ma glauque, où les couchants sont longs
Et violents parmi la détresse des brumes,
Et, jusque sur le bord, empourprent les écumes,
Comme d'avoir noyé tes cheveux roux et blonds.

Au plus chaud du soleil africain qui m'abuse,
Je sens jusqu'à mon cœur se glisser ton corps froid,
Translucide, et plus pâle et beau qu'une méduse,
Et tout le souvenir se colle contre moi,

Et c'est lorsqu'un grand cri perce les étendues
Et m'atteint, — moi qui sais tout le secret des mers, —
Venu, non du port blanc d'où partent les steamers,
Mais du plus désolé de mes plages perdues...

SOIRS D'ALGER

Soirs d'Alger, soirs d'Alger sur la berge où tout bouge
Sur les mille reflets agités dans le bleu
Du port, les quais, les mâts à cordages nerveux
Et les paquebots noirs avec leurs tuyaux rouges,

Soirs d'Alger, plus n'est seul l'Islam essentiel,
Mais dans ce grouillement d'Europe à dures faces,
Quelle rédemption se répand sur les races
Avec le soir, le tiède soir tombé du ciel ?...

RÊVANT D'ALGER

Rêvant d'Alger passée au bord du flot assise,
À sa foule pareille au plus pur-bas relief,
Une douleur s'abat sur mon âme pensive ;
Car, n'ayant point l'orgueil qu'elle soit notre fief,
Je regrette à mourir le grand profil vétuste
Qu'elle devait sculpter sur le bleu de son port,
Jadis, et dont le souvenir lui-même est mort,

— Et cette voix qui dit toujours : « Ce n'est pas juste... »

PAONS D'ALGER

Avec les lointains bleus de mer et de platanes
D'un parc enchevêtré comme dans les albums,
    Sur ce mur de géraniums,
Je vois deux paons mener leurs robes de sultanes.

Je songe à des récits de jeune prince ailé,
    De dame enchantée et fatale.
    Que j'aime, de verre filé,
Ces oiseaux surmontés d'une aigrette royale !

Chère enfance passée, ô contes de Perrault !
Ces deux paons verts suivis d'incomparables traînes
    Sont-ce deux dernières marraines,
Dans ces géraniums et sous ce beau sureau ?...

CONTEUR ARABE

J'aime, en Alger, devant la mer, cette Kasbah,
Son quartier culotté comme une vieille pipe
Et son conteur traînant une sublime nippe
Où l'Islam ancien subsiste et se débat.

Il parle. Pas un seul, parmi la foule blanche
Qui l'écoute, avec de grands yeux, assise en rond,
N'aperçoit la beauté de sa main sur sa hanche
Ni l'éclair fugitif qui traverse son front.

Mais dans son grave calme ou dans sa frénésie
La race, se trouvant chez soi, se sent si bien
Que parfois tel Arabe en loques qui n'a rien,
Tend ses pauvres deux sous à cette poésie.

À LA LOUANGE DES PORTS DE MER

Vous vivez en mon cœur, ports de mer, ports de mer
Arrondis et calmés devant le large amer.

Autour des paquebots arrêtés sur leurs quilles,
Cette odeur de goudron, d'ordure et de coquilles,

Cette odeur rude du départ et du retour,
Je la respire, sur vos quais, avec amour.

J'aime le clapotis qui berce et qui soulève
En vous, tant de reflets, de commerce et de rêve,

Et l'esprit du voyage erre à travers vos mâts
Dont craquent doucement les sous-bois délicats.

Beaux ports, beaux ports de mer de mes villes diverses
Dans le bleu méridional ou les averses,

Beaux ports où l'on peut voir se balancer de près
Le soleil pris, le soir, dans le haut des agrès,

Je vous chéris du fond de ma première enfance
Qui devinait déjà la joie et la souffrance.

Les barques de Honfleur qui se marquent H. O.
Partaient sans bruit à l'heure où la mer monte haut.

Elles partaient vers l'inconnu qui tente et brille,
Avec l'obscur désir d'une petite fille,

Alors que j'ignorais encor que mon destin
Me donnerait la mer, le risque et le butin.

Or, puisque maintenant se gonfle ma poitrine
De grand enthousiasme et de brise marine,

Salut à vous ! J'ai pris aussi mon large vol
Devers un autre ciel, devers un autre sol,

Ô vous qui m'accueillez au bout de tout voyage,
Beaux ports, beaux ports de mon bonheur et de mon âge !

EN KROUMIRIE

PREMIÈRE NUIT

Le silence de la forêt de chênes-lièges
Monte immensément dans la nuit,
Nourri des millions de furtifs petits bruits
Des existences qu'on ignore et qui y siègent.

La respiration brûlante du gibier
S'y mêle au cours des eaux, au frôlement des plantes,
À des souffles d'humains enfouis sous des tentes
Plus sauvages que des terriers.

Moi, parmi cette nuit des premiers temps du monde,
J'ai couché mon front dans mes bras
Et laissé s'enrouer dans ma gorge profonde
Le sanglot qu'on n'explique pas,

Alors que dans l'obscurité pleine de sources
Et de tant de sommeils vivants qui se sont tus,
Géométrique et solitaire, la Grande Ourse
Régnait à l'horizon sur des chênes crépus.

ENTHOUSIASME

    La liberté cambre nos reins,
Jour et nuit, sur le dos des bêtes à tous crins,
Et nous nous sourions au vol des chevauchées,

Car nous sommes bien loin de la crasse et du fard,
    De l'autre côté du départ,
Où peuvent reverdir les âmes desséchées.

    Les autres sont restés là-bas
À gémir, à serrer du vide plein leurs bras
    Dans la mollesse européenne :

Vivent nous qui passons une fougère aux dents !
Plus besoin d'être doux, ni sages, ni prudents ;
Nous sommes seulement, toi le mien, moi la tienne.

Aimes-tu, galopant loin des foyers mesquins,
Ton petit compagnon des chemins africains
Où tour à tour l'orage et le beau temps s'embusquent ?

Moi, je m'aime d'avoir à jamais oublié
Ce qui me fit jadis ou souffrir ou plier,
Sentant enfin complète en moi mon âme brusque.

Je m'aime de n'avoir que ma tendresse au cœur,
Si forte, que, parfois, seule, elle me fait peur,
Dans la guerre inconnue et longue du voyage,

Et de vivre ainsi toute avec le même élan
Qu'un cavalier rué parmi les paysages,
Qui s'esclaffe, un éclat de lance dans le flanc !

AUTREMENT

La rudesse des monts accroupis dans la brume
Dont la verdure est bleue en biais sur un ciel

Très gris où le couchant lui-même ne s'allume,
Fera mourir dans ma mémoire tout le miel
D'Orient, les jardins de la molle délice
Printanière, et ces nuits telles que des saphirs,
Si belles que l'amour même ne peut suffire,
Où, sentant bon parmi les clairs de lune lisses,
Le corps de la déesse est dans le creux des lys...

Quant à présent, c'est cette Afrique forestière
Avec ces monts frisés de chênes pour frontière.
Quant à présent, c'est cette nymphe on ne sait où,
Qui fait signe et s'enfuit dans le cri du coucou.

SEULE EN FORÊT

Seule en forêt, sans yeux pour profaner les transes
Du mystère, je veux le plus beau des étés.
Je serai couronnée, à travers les essences,
De chèvrefeuille en fleurs et de cheveux nattés.

Je suis un petit faune ivre de sève verte.
Évohé ! Évohé ! Les chênes sont humains !
Pour découvrir en eux l'hamadryade offerte,
À tous j'écarterai l'écorce avec mes mains.

J'aime ! J'aime ! Et l'amour des êtres m'effarouche...
Mais, depuis tant de nuits que je t'ai dans le sang,
Nature ! reçois donc, dans ce cri de ma bouche,
Mon désir, mon respect, mon cœur d'adolescent !

ÉLOGE DE MON CHEVAL

Mon cheval au poitrail solide, à l'œil de feu,
Frère joyeux de mon âme animale,
Ton sang arabe bout comme le mien, beau mâle,
Et tu comprends si bien le jeu !

Voici notre statue haute et momentanée.
Chaque jour pour nous est le jour des bonds
Et des caprices furibonds
Vite oubliés au bout de la journée.

Ton galop violent obéit à mon cri,
Nous vivons d'ivresses pareilles ;
Et je vois l'existence entre tes deux oreilles,
Sensibles à tout comme mon esprit.

La même passion passe dans nos narines,
Le même vent dans nos cheveux.
Je fais ce qui te plaît et toi ce que je veux,

Et la liberté gonfle nos poitrines.

Le tout puissant pouvoir s'équilibre entre nous :
Ma vie est livrée à ton dos farouche,
Ma volonté mate ta bouche,
Et ta force est prise entre mes genoux.

Que si, présentement, l'ombre multiple et une
Descend avec le feu des soirs,
Dis ? Prenons notre trot vers la nouvelle lune
Cornue au-dessus des bois déjà noirs.

Rythmons des quatre pieds notre vol qui s'élance,
Si tu veux gagner le but d'un seul trait,
Et battons vivement la mesure au silence
Dans les sentiers de la forêt.

RENCONTRE

L'aventure à travers les pays parcourus.
Les plaines sans verdure où, nue et torse, brille
La Medjerda, comme une anguille,
    Dans la douleur du soleil cru ;

    Les jardins des villes arabes

Et d'autres ; les cités en ruine ou debout,
Carthage trois fois morte où l'orge garde un goût
    Des cendres immémoriales ;

    La forêt des pays Kroumirs
Où nous galopions, une rose à l'oreille,
    Sur nos belles mules pareilles.
Nous délivrant de tout, même du souvenir ;

    L'aurore couleur d'abricot,
Le midi, le couchant, la lune ronde et haute
    Sur ces forêts où, côte à côte,
Nous vivions glorieux, seuls avec notre écho ;

    Les soirs d'immense rêverie
Sur le plus haut des monts du pays vert et roux,
    Lorsque, du fond de l'Algérie,
Les sommets successifs déferlaient contre nous ;

Tout cela qui berçait notre vie ineffable,
Pour un moment, en moi, fut comme n'étant plus.
Le jour que, sans savoir, nous sommes descendus
À Tabarka, ville marine dans le sable,

    Parce que la mer s'y répand
    Verte, lumineuse et foncée,
Et qu'au cœur du large bleu-paon,
Toute mon âme s'est en silence élancée
Vers plus loin, vers plus beau, vers plus pur, vers plus

grand,
Où nous n'atteindrons pas, même par la pensée…

MINUTE

Les oliviers du beau ruisseau de Ben Métir
Mêlés aux naturels jardins des lauriers roses ;
Puis, retenant un bouc dont l'effort veut bondir,
Un Arabe debout, sculpté parmi les choses ;
Puis nous autres riant du bonheur de nos yeux
Avec notre jeunesse au fond de la poitrine,
Inconscients de ces lauriers impérieux
Dont l'amertume en fleur viole nos narines…

MOMENT NOCTURNE

Nous qui ne portons point le joug bas des aînés,
Qui ne connaissons plus dans quel monde nous sommes,
Nous savons la splendeur des soirs déracinés
Où l'on est seulement des femmes et des hommes.

Nuits d'Afrique ! Tenant nos nuques dans nos mains,
Nous avons respiré l'été comme des plantes,
Alors que, sur nos yeux restés à peine humains,
Le ciel laissait tomber ses étoiles filantes.

Ah ! qui saura les dieux que nous avons été
Quand toute la forêt craquait comme une écorce
Et qu'animale en nous s'étirait notre force
Dans un instant plus grand que notre éternité ?

SECONDE

Une longue forêt de reflets est dans l'eau ;
L'altitude du ciel qui s'y est renversée
Est un abîme bleu sans fond.
Je me tiens sur ce bord, seule avec ma pensée ;
Ce n'est rien que mon cœur, ce n'est rien qu'un peu d'eau,
Mais la vie éternelle en moi s'est renversée
Ainsi que la forêt et le ciel dans cette eau,
Et je me sens, avec des reflets jusqu'au fond,
Plus profonde, magique et menteuse que l'eau…

CRÉPUSCULAIRE

    . Le jour s'en va. Monte ta bête !
Le plateau s'ouvre au bout du chemin malaisé…
Dans l'obscurcissement de la nuit qui s'apprête,
Les lacs lointains sont des coupes de lait.
      Est-ce le feu dans la forêt ?
Le plateau s'ouvre au bout du chemin malaisé…
Monte ! Tu pâliras en détournant la tête,
Devant le déploiement du couchant biaisé.
Qui donc glorifiera le ciel de sa blessure ?
De ton silence ou de ton chant
Seras-tu triomphale ou sombre ?
Vas-tu t'attarder debout sur ton ombre ?
Qui donc glorifiera le ciel de sa blessure ?
Ah ! dis ! que tes talons éventrent ta monture,
Et puisses-tu, saignant, écumant, trébuchant,
Bondir des quatre pieds au travers du couchant !

RÉVEILS

I

VILLAGE

En Afrique mineure, on retrouve au passage
Un bout d'Europe au flanc d'un mont, dans un village
Traversé. C'est, au vol, le réveil chassieux
Des êtres dont l'aurore ouvre les pauvres yeux.
C'est, au sortir de la ténèbre et du silence,
Le bruit et la couleur du jour qui recommencent.
C'est un homme qui baille en étirant ses bras
Sans sourire. C'est un cheval osseux et las ;
On lui remet, alors que clignotent ses taies,
Son collier de misère au creux des mêmes plaies ;
Et c'est vivre. Et la bête est triste immensément,
Autant sans doute, ou plus encore que les gens…

II

MONTAGNE

C'est le réveil de la montagne sombre et claire
Qui garde encor la nuit sur un de ses côtés.

Elle reprend sa bienheureuse éternité,
Massivement, face à l'aurore millénaire.

Et, pour être pareille au bel Arabe lent
Qui se lève dans son manteau fatal et blanc,

Elle écarte la brume et sort de ses nuages,
Et crève le ciel rose avec son grand visage.

AU PAS

Malgré le doux sous-bois où vont mes promenades,
Je sens toute l'Afrique autour de mon cheval.
Cavalier insolite, avec mon cœur féal
Et fier, je suis Tancrède au pays des Croisades.

Je vais au pas, rêvant, la hanche sous mon poing,
Étroite et masculine avec mes fauves bottes,
Et, collant à mon corps, l'orgueil ancien des cottes,
Comme mes preux normands qui guerroyaient au loin.

Le long des horizons, le jour court à sa perte.
Un pays de couchant et de lacs violets

Brille ; et je ferme un peu les yeux, et je me plais
Ainsi, sur mon cheval aux narines ouvertes,

M'enivrant en douceur du vague conte bleu
Qui me fait, d'un revers de ma lance opportune,
Le vainqueur du soleil, ce long dragon de feu,
Et l'annonciateur de la nouvelle lune.

CAVALIER TACITURNE

Cavalier taciturne, à l'heure où se recule
La mer, lorsque s'endort la diurne couleur,
Je sens tout ce qui sombre avec le crépuscule
Entrer au fond de moi pour me briser le cœur.

Qu'ai-je admis, qu'ai-je aimé dans la pleine lumière ?
Et voici que le soir met mon orgueil à bas.
Je chercherai toujours et ne comprendrai pas
Le secret de ce cœur d'énigmatique pierre.

Nul n'a su détourner mes prunelles vers lui.
Mais du creux du lointain monte la nuit marine,
Et si fort sa douceur me gonfle la poitrine,
Et je me sens si haute et triste dans la nuit…

Déesse intérieure, ô ma seule Vivante !
Comme tu lèveras l'impossible regard
De tes yeux vers la lune à l'horizon levante,
Et que tu seras pâle et qu'il se fera tard !

Verrai-je devant moi ta face solennelle
Que les heures du jour ne doivent jamais voir,
Ô lune ? Et franchissant le firmament du soir,
Songerai-je longtemps joue à joue avec elle ?...

NOCTURNE

    Les branches noires de la nuit
    Plongent déjà dans le clair de lune,
Mais au bout du sentier de la forêt qu'on suit,
Rouge, un morceau de couchant brûle.

Le cœur un peu serré par le mystère,
    Au galop de nos mules ailées,
    Nous descendons vers les vallées,
Vers la bouteille à l'encre des vallées,
Que ni ce couchant ni cette lune n'éclairent.

Ô nuit ! Ne crains pas qu'au creux d'un tournant brille

    La constellation mauvaise d'une ville.
        Si l'horizon se fait plus clair,
        C'est que nous rencontrons la mer.

ROUGE D'AUTOMNE

Rouge d'automne et jusqu'au haut d'un chêne insigne,
Une tonnelle naturelle,
Une ombrelle de sauvage vigne
Au creux du long sentier dont nous suivons la ligne.

    Laisse-moi rêver un peu,
    Belle tonnelle, belle ombrelle
Sous laquelle on voit tout le pays bleu !

À l'ombre des rougeurs de ta vigne qu'on longe,
    Je me bâtis toute une vie en songe.
    Je m'arrête un instant sur ce seuil…
Puis nous passons. Pays, vigne, vie : un coup d'œil.

PLÉNITUDE

Existe-t-il un pays quelque part
Qui n'ait pas la couleur des heures forestières,
Qui ne se creuse pas, sur des flancs montagnards,
De golfes d'ombre et de lumière ?

Un pays sans le beau henné
D'octobre, qui fait les fougères rousses,
Un pays sans nos promenades de mousse
Et leurs chemins que barre un chêne assassiné ?

Un pays qu'aucun vert lichen ne marbre
Et qui n'ait pas des jours entiers
Où l'on ne rencontre, au hasard des sentiers,
Qu'un Arabe beau comme un arbre ?...

Pour nous, ne sachant plus que quatre horizons bleus,
Des ravins moutonnants et des cimes frisées,
Que la mer tout au bout des monts, et, lorsqu'il pleut,
Le sursaut subit des sources improvisées,

Nous ne pouvons plus rien aimer que formes, bruits,
Parfums, furtifs comme des plumes,
Respirer du soleil et manger de la brume,
Voir l'aube commencer à l'est de la nuit,

Et nos chers soirs où l'ombre d'une ombre nous suit,
Au clair d'un tantinet de lune...

COIN DU FEU

T'attarder à la rêverie
Que l'esprit des tisons te siffle,
Est-ce par peur du vent qui crie
Ou que la grêle ne te gifle ?

S'il fait mauvais, crève la vitre !
Ta bouche à la chaleur se gerce,
Laisse interrompre ton chapitre
Et va boire à même l'averse.

Dehors, dure et bonne est la vie ;
Ton âme attend que tu la mènes.
Dehors, ce sont cent mille chênes
Qui chantent de toute leur pluie.

Il pleut ! Il pleut sur ton royaume !
Va ! Cours les routes et les pistes !
Le livre est trop lourd pour tes paumes,
Et les conseils du feu sont tristes.

Va !… Câline est la cheminée
À l'heure où la tempête hue,
Mais que pesante une journée
De n'avoir pas été vécue !

EFFUSION

Puis-je savoir combien je t'aime, blonde automne
     Qui fais battre mon cœur si fort ?
Faudra-t-il que toujours me ravisse et m'étonne
Le retour de ta lente et magnifique mort ?

Te voici donc ! Je cours à toi tout éperdue
     De t'adorer comme quelqu'un,
De t'avoir reconnue à ton fatal parfum
Comme une amie absente et qu'on croyait perdue.

Ô chère ! Je voudrais te prendre sur mon cœur,
     Et ne puis, sur ma bouche douce,
Que coller cette feuille ardente, rouge et rousse,
Aussi belle, ou, plutôt, plus belle qu'une fleur.

LA RIVIÈRE SAUVAGE

La rivière sauvage est trouble où l'eau chantonne,
Et la belle saison commence à dévier.
Autour du frêne vert et du gris olivier,
Les vignes ont trempé dans le sang de l'automne.

Pour nous, l'heure douteuse où nous sommes assis
Nous impose silence et retient notre haleine.
Dis ?... Parle crépuscule orageux et concis,
Resterons-nous à voir monter la lune pleine,

Et, tournant au-dessus de ces oliviers gris,
De la rivière trouble et des vignes innées,
Le vol irrégulier d'une chauve-souris
Agiter le couchant de ses ailes fanées ?...

RETOURS

Par ces après-midi d'automne, nous aimons
Le beau désordre vert et jaune des vallées,
Et, par forêts, labours et brousses emmêlées,
Nous descendons goûter l'air du cirque des monts.

Au retour, des bouquets pendent sur nos visages,
Car, trois ou quatre fois, nous sommes couronnés,
Et la petite odeur des cyclamens sauvages
Se mêle au fort parfum des narcisses fanés.

Des rameaux d'olivier et de myrte, trophées,
Sont dans nos mains. Saisis par un désir de chant,
Nous rions, par-dessus la plaine ébouriffée,
À l'étoile qui naît dans le creux du couchant.

ARRACHEMENT

Si le drame éternel des saisons se dénoue,
C'est parmi cette fin surtout que je me veux.
Automne ! Te sentir ravager mes cheveux,
Et courir me jeter contre toi, joue à joue !

Au travers de ton temps gris et passionné,
Envahissant d'un pas impérieux d'amante
Cette clairière-ci qu'un coup de vent tourmente,
Me mêler tout entière à ce chêne fané,

Pour que, mortes, quittant la branche principale,
Ces quelques feuilles fuient dans le sens du ciel bas,

Et que je puisse croire aussi que la rafale
Les arrache de force à mon cœur mûr et las !...

DÉBANDADE

Ce jour tumultueux rejoint la nuit, au bord
Du ciel rapide et gris fuyant sur les vallées,
Et, dans le crépuscule où la forêt se tord,
Il pleut au vent parmi les branches bousculées.

Le silence rompu craque de toutes parts.
Octobre se répand, roux sur la mousse verte.
— Comme il fait violent et comme il se fait tard,
Et comme la nature, ici, court à sa perte !

Est-ce vraiment la fin de tout ce que j'aimais ?
Automne ! Je sais bien, ta mort est provisoire ;
Mais dans ce chien et loup furieux, comment croire
Que tout ne s'en va pas, à jamais, à jamais ?...

RUÉE

Mieux que la passion, que le galop m'emporte !
Puisse plus vif encor bondir mon cœur griffé !
Je veux partir au vent, impérieuse et forte,
    Sur mon beau cheval décoiffé.

Comme je le comprends, je veux qu'il me comprenne.
Il peut violemment voler vers mon désir,
Et, du fond du danger où sa force m'entraîne,
    Me faire rire de plaisir.

C'est par lui seulement qu'à moi-même j'échappe,
Quand je fonce d'un bond sur les soirs les plus beaux,
Quand ses crins déployés claquent avec ma cape,
    Que ma rage est dans ses sabots.

Nous ferons déferler la vague furieuse
De ton triple galop d'écume, mon cheval !
Pâle, j'assourdirai d'arabe guttural
    Tes oreilles ambitieuses.

Ruons-nous ventre à terre au travers de l'été
Sans savoir vers quel but invisible je lance
Mon orgueil, ma beauté, mon rêve, ma puissance
    Et ma responsabilité !

Et quand viendra la nuit, dernière Centauresse,
Redressée et vertigineuse, ouvrant les bras,
Je saluerai d'un cri de joie et de détresse
    Les étoiles qu'on n'atteint pas.

RÉVÉLATION

Croyais-tu que, vivre, c'était
Se mourir de coussins et d'ombre
Dans la demeure où tout se tait,
Violente, amoureuse ou sombre ?

Croyais-tu que c'était plutôt
La longue sirène des robes ?
La musique où parle enfin haut
Ton cœur qui toujours se dérobe ?

Croyais-tu que, la joue au poing,
C'étaient tendre l'oreille aux villes
Pour surprendre les plus subtiles
Des plaintes qu'on n'écoute point ?

Ou bien, hors l'art et la musique,
Le rêve et la réflexion,
Ouvrir des bras de passion

Vers l'horreur des métaphysiques ?

Vivre, ah vivre ! c'est, au galop,
Mâter une bête rétive,
C'est sentir au soleil trop chaud
Suer et brûler sa chair vive.

Dans l'encombrement des chameaux,
C'est s'ouvrir une place dure,
C'est une gutturale injure
Qui guérit du poison des mots.

C'est le tour et détour des lieues,
C'est, au coin d'un village clair,
L'apparition de la mer,
C'est du sable et des forêts bleues,

C'est, au repli des manteaux blancs,
Cueillir des yeux de flamme noire,
C'est secouer de sa mémoire
Tout le musc du passé troublant.

Et puis c'est, au vent de la course,
Rire à ton compagnon de jeux,
Et, dans un regard de ses yeux,
Boire son cœur comme une source…

DE FRANCE

RETOUR DÉPAYSÉ

I

C'est partir, revenir et repartir encor.
C'est Paris, c'est la Seine et tout l'Ouest humide
Où l'on avait souvent médité sur la mort.
On n'aura plus son front à la vitre viride,
On ne s'assoira plus devant les beaux grands feux
Normands, comme autrefois, par les soirs sérieux,
Quand les siècles pesaient au front de quinze années.

Maintenant, plus de vitre et plus de cheminées
Quotidiennes d'un passé désenchanté.
J'ai pris la grande route et ne puis m'arrêter.
Ayant connu la joie et le mal du voyage,
Je ne puis jamais plus être que de passage…

Chère âme, ne prends donc aux fleurs que leur parfum.
Sache quitter toujours quelque chose ou quelqu'un,
Et, d'étape en étape et d'envie en envie,
Chevauche ! Sois un bon cavalier de la vie !
Romps tes muscles, mon âme, ô voyageur en feu,
Et ne veuille qu'un mot joyeux et dur : Adieu !

II

Tu es là, le Louvre, avec ta façade,
Ta base dans ta Seine fade,
Tes clochetons dans ton ciel gris.
Tu es ma France, mon Paris,
Tu es ce que j'aimais et tu es ce que j'aime,
Tu es moi-même…

Et pourtant j'ai le cœur serré
D'un souvenir d'Afrique et de sable doré,
D'Afrique où je retournerai,
De sable où je sens que, peut-être, je mourrai ;
D'Afrique si mélancolique,
Où tant j'ai regretté ta façade historique,
Où je t'ai regretté, mon Louvre, mon enfance,
Où je te regrettais, ma France.

Pourquoi mon cœur sent-il qu'on a brisé son nid ?
Qu'y a-t-il donc en moi de tellement fini
Pour que mes yeux te voient face à face, ma France,
Avec plus de regret qu'au temps de mon absence ?

D'UNE FENÊTRE SUR LA SEINE

I

Je pense seule à ma fenêtre de Paris,
Devant le Louvre noir dans le temps glauque et gris,
Devant la Seine entre ses quais de pierre dure,
Ses ponts, ses deux ou trois peupliers sans verdure.

Je pense au cher pays d'Afrique tout doré
Qui, dans un pli profond de ma mémoire, brille ;
À ce Paris qui fut et demeure ma ville ;
À des pays encore inconnus où j'irai ;
À ma tendresse au fond de moi comme un sourire,
À des choses aussi que l'on ne peut pas dire
Et qui brûlent mes yeux de domination.

Je pense avec indifférence et passion
À tout ce qui m'attend, à tout ce qui m'amuse.
— Et la lune, qui s'accentue avec le soir,
Avance tout à coup, comme une qui veut voir,
Dans mon rêve secret son visage d'intruse.

II

Le Louvre me regarde au coin noir de ma vitre
Avec les yeux profonds de l'histoire de France.
Pourtant, aimé-je encor la chère accoutumance
De Paris ? Mon destin m'ouvre un nouveau chapitre.

Il faudrait s'accouder et se reprendre toute.
Mais comme jamais plus mon regard ne s'arrête,
Je vais toujours devant et sans tourner la tête :
Car j'ai quitté tous les pays. Je suis en route.

III

Le cri des bateaux sur la Seine
M'entre en plein cœur comme un poignard.
Mais je suis seule. Nul n'est là pour mon regard,
Pour mon âme et ce qui la mène.

Mon cœur s'est éteint dans le gris,
Mon cœur où flamboyait l'Afrique…
Repose dans mes mains, mon cœur mélancolique,
Voici ce que t'a fait Paris.

Ô moi passée, ô mon aînée !
N'avons-nous pu nous délier ?

L'Afrique se débat dans mon mal familier
Comme en un piège d'araignée.

L'Afrique est morte, mouche d'or,
Dans les réseaux de la grisaille…
Poignards, cris des bateaux, à quoi bon qu'on s'en aille
Si l'on doit au retour se retrouver encor ?

PREMIER SALUT

À Notre-Dame de Paris, lourde chimère
Qui, dans le ciel changeant, creuse un double sillon,
À la mère aux flancs élargis, la bonne mère
D'idéal, d'art, d'amour et de dévotion,

Nous apportons le cœur nôtre qui se dérobe,
Le meilleur cœur, celui que notre orgueil défend.
Nous nous réfugions dans les plis de la robe
De pierre, avec le geste oublié de l'enfant.

Nous venons habiter parmi son ombre ailée.
Qu'elle veuille souffrir que nous vivions le long
D'elle, et soyons archange ou gargouille, selon
Que nous nous sentirons l'âme pure ou troublée.

ANGÉLUS

Notre-Dame, salut à vous, pleine de grâce.
Notre ferveur est avec vous.
Vous paraissez durable entre tout ce qui passe,
Et votre fruit, le rêve, est béni comme vous.
Notre-Dame d'ici, mère de notre race,
Veillez sur nous, les artisans au cœur subtil,
Maintenant et quand nous mourrons. Ainsi soit-il.

ANGOISSE

Comment puis-je éloigner l'Invisible, aujourd'hui ?
Qui fera taire cette tour dont les trois cloches
Entament jusqu'au fond, de par leur mauvais bruit,
Mon cœur que je sentais dressé comme les roches ?

Est-ce que je n'ai plus l'Orient dans le sang ?
Ne se pourrait-il pas que l'on me fît entendre
Le rythme arabe qui roucoule, rauque et tendre,
Dans le bois d'un roseau fragile et tout puissant,

Pour que la simple voix de tourterelle humaine

D'une des flûtes primitives de là-bas
Annule doucement avec son refrain las
Le grand mal que me fait la cloche européenne ?...

ROCKING CHAIR

Balance-toi dans ton fauteuil, ô jeune femme !
Laisse planer sur toi le tendre soir venu.
Oublie un peu ta vie, et repose ton âme
À regarder bouger devant toi ton pied nu.

Il fait bon ne songer à rien quand la nuit tombe.
Pour ce soir seulement, ce soir presque d'été,
Que ton sauvage cœur soit comme une colombe.
Laisse pencher ton front étroitement natté.

Tu n'es rien qu'une enfant pieds nus qui se balance.
Cligne tes yeux, ferme ton cœur ; et n'entends pas
Le cri monté vers toi, plus fort que le silence,
De ceux qui t'aiment trop et que tu n'aimes pas.

À PORT-ROYAL

Jusqu'aux genoux dans l'herbe en fleurs de Port-Royal,
Devers la majesté des grandeurs ruinées,
Nous allions. J'adressais le salut filial,
Respectueusement, aux gloires, mes aînées.

Froides comme l'esprit du mort Jansenius,
Les pierres tressaillaient sous mes deux paumes roses.
Ma jeunesse, parmi la piété des choses,
Y paraissait plus sacrilège que Vénus.

Pourtant je triomphais que Juin, autour des spectres,
Parfumât et chantât par les foins, les sureaux,
Le cri sec des grillons, infatigables plectres,
Et le roucoulement rauque des tourtereaux.

INVOCATION

Ô vous, production étrange et naturelle
De ce sang rouge et bleu, rusé, savant, ardent
    Et magnifique d'Occident,
Notre-Dame, éternel, immobile coup d'aile,

Vous qui vous compliquez comme notre cerveau
      D'imagination à jamais fatigante,
Nous ne comprenons point à fond ce qui vous hante,
Quel esprit satanique autant qu'il est dévot,

Mais nous nous retrouvons dans vos rosaces folles
Où s'emprisonne et luit un univers vermeil,
Nous qui ne pouvons voir qu'à travers des symboles
      Le jour tout simple du soleil.

Orage d'harmonie, ô muette musique,
Votre flèche elle-même, en son vol sans défaut,
Ne peut monter tout droit vers la métaphysique
Qu'en se chargeant encor d'ornements jusqu'en haut.

Donc, pierre et verre ! forme alourdie et légère,
Loin des Jérusalem, Nazareth et Sion
Qui dressent dans les Suds leur blancheur étrangère,
Ô fantasque ! soyez notre habitation !

LITANIES DE NOTRE-DAME

Floraison du passé, rose ardente de pierre,
      Cœur de Paris, cœur de la France ;

Mère de l'idéal, mère de la prière,
    Rocher pensif de l'espérance ;

Immobile vaisseau sur le flot de la ville,
    Grand rêve dans la foule vile ;

Double tour de silence et de battements d'ailes,
    Nid des saints et des hirondelles ;

Bague sculptée au doigt de la Force inconnue,
    Flèche au cœur obscur de la nue ;

Monstre séquanien miré dans les eaux basses,
    Et dont les yeux sont des rosaces ;

Squelette compliqué du défunt moyen âge,
    Témoin resté de son ouvrage ;

Coffret géant où sont les secrets de l'histoire,
    Berceau de notre foule noire ;

Couveuse des œufs d'or du génie anonyme,
    Montagne humaine à double cime ;

Découpure du ciel, demeure de l'Idée,
    Pierre à tout jamais possédée,

Ô passée, ô présente, ô future, œuvre mâle,

Notre-Dame, ô originale !

Châsse que se sculpta notre race ancienne.
　　Ô française, ô parisienne !

Notre-Dame, du haut de ta flèche légère,
　　Garde-nous de l'âme étrangère ;

Garde-nous du mesquin, du banal, de l'ignoble,
　　Conserve-nous notre âme noble ;

Notre-Dame d'ici, mère de poésie,
　　Délivre-nous de l'Hérésie !

DANS LE CIEL ROSÉ

　　Dans le ciel rosé
Où le soleil se meurt longuement comme une âme,
　　Sur le haut de Notre-Dame,
　　　Un oiseau posé.

　　Grosse comme rien
Se perd, parmi l'amas du monument chrétien,
　　Sa sculpture naturelle :
　　　Mais il a des ailes.

HÉSITATION

Mes pays d'autrefois, mes deux pays premiers,
   Paris et ma côte normande,
Lorsque je suis au loin, mon âme redemande
Votre ciel nuageux, vos toits ou vos pommiers.

Cependant m'avez-vous, en vérité, reprise ?
Et mon cœur, revenu parmi votre air subtil,
   N'est-il pas encore en exil,
     Verte campagne et ville grise ?

Ô prés ! Ô ville ! Ô terre où sont mes anciens pas.
Je porte en moi l'inquiétude et l'insolence
   De me souvenir en silence
Que j'ai marqué mes pieds sur d'autres sols, là-bas.

Hélas ! je comprends moins votre douce lumière
Pour avoir vu flamber des ciels plus inouïs…
— Quiconque trop longtemps a quitté son pays
N'y peut plus rapporter son âme tout entière.

NOSTALGIE

Ville de mon autocratie et de ma fête,
Paris, j'ai maintenant assez de ton péché.
Je voudrais de nouveau le soleil sur ma tête
Et l'Afrique à mes pieds comme un lion couché.

S'il faut, pour n'être plus despotique et câline,
Secouer d'un seul coup d'épaules tes parfums,
Partons ! Retournons-nous vers des visages bruns,
Refaisons-nous bientôt une âme bédouine,

Afin de revenir quelque jour sans desseins
Autres que contenter notre cœur variable,
Pour rouler plus sauvagement dans tes coussins
Un être ivre d'oubli, de Sud, de ciel, de sable…

PRESCIENCE

Orient, me veux-tu, rivage insatiable,
Berceau brûlant de tant de faces endormies,
Pour que je sente ainsi ma place dans ton sable,
Près des déesses d'or et des sombres momies ?

Puisque je veux m'évanouir dans ta chaleur,
M'en retourner vers toi comme vers mon tombeau,
Vas-tu coucher aussi mon corps couleur de fleur
Au sarcophage de ce sable pur et beau ?

Pourtant je viens, joyeuse en dépit du hasard.
Mon âme est comme était la Grande Courtisane :
Une ville perdue et sur laquelle plane
Le rire inconscient et doux de Balthazar.

EN PARTANCE

Pourquoi prétendaient-ils qu'on n'arrive jamais ?
Le voyage pour moi n'est pas ce grand mensonge.
Chaque nouveau pays est celui que j'aimais,
Je reconnais partout la couleur de mes songes.

Quand le sifflet des trains m'a lézardé le cœur,
Je me sentais sortir de moi par tous les pores.
Les bateaux ont crié ma joie et ma douleur
D'océans inconnus et de nouvelles flores.

Que si parfois je perds de moi-même, en passant,
Comme un agneau sa laine aux ronces acérées,

Le large étonnement des terres ignorées
Me refera peut-être un regard innocent.

Je poserai des yeux différents sur les choses
D'avoir, entre mes cils, tenu tant d'horizons.
Je possède déjà plus que notre raison
D'Europe, ayant dormi certaines nuits de roses.

Le monde reste grand pour qui le voit de près.
On lève vers le ciel une face accueillie
Aux jours qu'on s'accompagne, à travers les forêts,
D'une traîne de fleurs et de branches cueillies.

L'esprit vole aussi haut qu'un grand archange clair
Quand on ouvre les bras vers des mers ineffables,
Qu'on va, sur une bête emportée au désert,
Éventrer le soleil qui se meurt dans le sable.

On goûte plus avant, le cœur gonflé d'adieu,
La couleur, le parfum, la musique des villes,
Et leurs femmes d'un soir, belles comme des dieux,
Secouant sur leurs bras des bracelets serviles.

Comme j'ai soif encor de couchants ensablés,
De cités au soleil, d'ardentes forêts vertes !
Que je sens tous les lieux où je voudrais aller
Me fasciner du fond de l'étendue offerte !

Je suis partie ! Au jour de revoir mon pays,

Ma ville capitale et ma native plage,
Mes hivers trépidants, mes automnes rouis,
Je veux que ce retour soit encore un voyage.

L'univers est à moi, tout pays est le mien.
Je suis chez moi partout et partout étrangère.
D'exister sans foyer, de ne compter sur rien,
M'a donné le secret d'avoir l'âme légère.

On rêvait de mourir, mais voyager vaut mieux ;
Je me suis pour toujours arrachée à mes fibres.
Quelle terre me peut retenir, ou quels yeux ?
Mon être s'est enfin dispersé : je suis libre !

LE DÉSERT

ODE AU DÉSERT

Mon désert doux aux pieds, mon fauve Sud extrême,
Inféconde clarté mère des oasis,
Je remettrai mon pas qui te caresse et t'aime
Dans la trace oubliée et creuse de tes fils.

Tes fils sont morts. J'ai vu, dans le sable stérile,
L'intaille que laissa ton bédouin sculpté
Sur son cheval touffu, dansant et difficile,
Et qui passe, ignorant à jamais sa beauté.

Tes fils sont morts. J'ai vu, sur ta route infinie.
L'empreinte de l'Europe amère aux regards secs,
Qui, préparant de haut ses serres et ses becs,
Noircit les horizons de son vol d'ironie.

Tes fils sont morts. Je vais vers toi comme un goumier.
Le matin sablonneux, voilé de sauterelles,
Roucoule doucement au loin de flûtes frêles
Où l'âme arabe enroue un éternel ramier.

Tes fils sont morts. Cernant l'étendue incréée,
S'entasse sur le ciel l'Atlas plutonien.
Je vais vers toi. Ne veux-je rien ? N'attends-je rien ?
Océan, océan, où donc est ta marée ?

Tes fils sont morts. Qui sait ta joie et ta douleur ?
Qui presse sur son cœur tes dunes et tes croupes ?
Qui saisit à deux mains tes couchants de couleur ?
Qui donc, qui donc te boit comme une immense coupe ?

Je vais vers toi. Tes fils sont morts, mais je te bois,
Je te bois, pur désert des saints et des prophètes,
Car je sais quels encens ont fumé dans tes fêtes
Et que tes horizons ont entendu des voix.

Tes fils sont morts. Passez, Europe haïssable,
Passez, inconscients bédouins aux yeux lents.
Vous ne saurez jamais l'ultime fleur de sable,
L'aloës inouï né tous les deux mille ans.

Vous ne saurez jamais qu'avec ses blancs mirages,
Ses palmes et ses nuits et son étoile au ciel,
Existe pour ce seul calice essentiel
Le désert d'Iaveh, du Koran et des Mages.

LE CRI DES CRAPAUDS

Le cri des crapauds, dans le Sud,
Me tombe sur le cœur comme une goutte d'eau.

Les palmiers doucement balancent leur fardeau.
— Rien, rien pourtant, ce soir, du passé ne s'élude.

Le désert orageux largement se dénoue.
La nuit d'Afrique monte entre les palmeraies...
Ah ! pourquoi ces crapauds ont-ils la voix des haies
Et des herbages verts pendant l'été, chez nous ?

FIGUIG, ENTRE TES TOURS

Figuig, entre tes tours de garde et tes talus,
    Palmeraie au désert jetée
    Dont les montagnes ne sont plus
    Que de la lumière sculptée,

Les longs rameaux de tes palmiers entrecroisés,
    Tes murs de terre cuite pâle,
    Ton ordonnance féodale
    Nous rendaient l'âme des Croisés.

Fleur de l'extrême Sud, parmi tes brises molles
    Et les odeurs de ta moisson,
    Nos cœurs battaient à l'unisson
    De l'eau vive de tes rigoles,

Quand, sur nos grands chevaux, cavaliers d'autrefois,
    Alors que nous avons passé tes portes,
    À la tête de nos escortes,
    Nous avancions comme des rois.

Figuig lointaine encor, Figuig couleur de sable,
    Meure ton Islam libre et vieil !
    Sous l'impérissable soleil
    Meure ta beauté périssable,

Nous, les premiers, en attendant les jours nouveaux,
    Au creux du sable où tout s'efface,
    Nous aurons imprimé la trace
    Des quatre pieds de nos chevaux.

À TRAVERS L'AIR DU SUD

À travers l'air du Sud qui dessèche les bouches,
Venus vers un Avril déjà gonflé d'épis,
À Kenadsa, nous reposer sur des tapis
Dont un esclave, indolemment, chasse les mouches.

Voir, par les arcs outrepassés, dans les pavots
Des jardins sur lesquels va se lever la lune,

Les nègres, duvetés comme des belles prunes,
Passer sous la blancheur des orangers nouveaux.

S'attarder, pour un jour ou pour toute la vie,
Dans la demeure fraîche et l'éternel été,
Où l'on peut s'en venir mourir, à bout d'envie,
De soleil, de silence et de fatalité…

SOULÈVEMENT

Puisque, au désert, bercés de flûtes musulmanes,
Nous vivons gais avec des âmes de héros,
Il ne faut pas chanter ces choses de Schumann
    Qui nous laissent le cœur si gros.

Alors que vous chantez, qu'est-ce donc qui persiste
    Dans nos esprits occidentaux,
    Quelle richesse de sanglots,
Quelle race d'ailleurs si triste, au fond, si triste ?

ODE AUX JUIFS

Je vous ai vus, les Juifs, dans l'horreur du ghetto
De vos pays originels, soleil et sable,
Vivre à l'écart votre existence misérable
Sur quoi le monde a mis un éternel veto.

J'ai vu monter la garde ironique et cruelle
De l'Arabe, mortel ennemi de l'Hébreu,
Dont l'orgueil bédouin maintenait en tutelle
Votre caste maudite et destinée au feu.

Le long de vos taudis où la tête se cogne,
La vermine, la puanteur, l'obscurité
Grouillaient atrocement dans l'immuable été
Du Sud, comme une immense et multiple charogne.

Et vous célébriez vos Pâques sans bonheur
Par les chants étouffés de votre foule vile,
Et vos enfants riaient sous les roses et l'huile,
Avec des yeux humiliés et pleins de peur.

Mais dans ces yeux de velours noir ou de pervenche
Une sourde éloquence allumait le regard,
Et ces yeux nous disaient au passage : « Plus tard !
« Ne connaissez-vous pas déjà notre revanche ?

« Vous savez bien, pourtant, où vivent nos aînés !
« Votre race, au delà des mers, en est enceinte.
« Vous avez dans le sang l'ineffaçable empreinte
« De leur bouche lippue et de leur puissant nez.

« Regardez-les de près, nos yeux opiniâtres !
« Oui, nous sommes hués, méprisés, avilis,
« Mais nous posséderons vos trônes et vos lits,
« Vos commerces, vos lupanars et vos théâtres.

« Nous serons accroupis au fond de tout. Bien mieux
« Pour finir la vengeance effroyable et rusée,
« Nous, purs sangs fourvoyés dans votre foule usée,
« Nous vous enfanterons sournoisement des dieux.

« C'est pour un Juif divin sorti de nos étables
« Que vos orgues s'enrouent et que dansent vos fleurs.
« À nous les papes blancs, l'encens, les saintes tables,
« Toutes les Notre-Dame et tous les Sacré-Cœur !

« Le Ghetto !… N'est-ce pas pour la petite Juive,
« Pour cette Myriam de chez nous, cependant,
« Que tant d'architecture inouïe et naïve
« Se dresse sur l'amas des villes d'Occident ?

« C'est nous, votre au delà, vos terreurs, tous vos râles.
« Nous vous avons tordus du fond de notre Sud,
« Et nous chantons sur vos cités notre Talmud,
« Et vous nous bâtirez encor des cathédrales.

« Que les deux Orients et les deux Occidents
« Nous gardent ! Nous saurons trouver notre royaume,
« Et nous regarderons tourner dans notre paume
« Le monde. Et c'est pourquoi nous rions en dedans. »

— Ainsi, dans le soleil et le sable, au passage,
J'écoutais ce regard au langage muet
Chargé de patience infinie et de rage,
Qui, d'entre les longs cils hypocrites, fluait.

Et je voyais, en vérité, tout le Possible
Qui guette dans vos yeux pleins de honte et de peur,
Et moi qui ne suis point, Israël, votre sœur.
Je vous ai salué tout bas, peuple terrible !

FANTASIA

C'est la joie, en mon cœur nouvellement élue,
De monter un cheval qui danse et qui salue
Et secoue au galop sa tête chevelue.

Le sang, comme du feu, brûle dans ses naseaux,
Il hennit de désir au mirage des eaux,
Il a le Sahara dans la moelle des os.

Le dur soleil, le ciel profond comme une coupe,
Le sable à l'infini, l'espace que je coupe
Et ma divine compagne, mon âme, en croupe,

Qu'on me donne cela, puisque mon sourd instinct
L'a réclamé sans cesse à l'Occident éteint ;
Qu'on me donne cela pour unique destin.

Qu'on me donne cela que je sois brusque et rauque
Que j'écarte d'un bond l'humanité pédauque,
Et me jette au travers du couchant rose et glauque,

Que mon âme se dresse en un grand rire fier,
Et, songeant au passé nourri de sel amer,
Crie au ciel : « Mon cheval est plus beau que la mer ! »

ODE FUNÈBRE

À la mémoire d'Isabelle Eberhardt.

Il faudrait les tambours des grandes chevauchées
Ou l'innocent roseau qui s'enroue au désert…
Mais honorer ta fin de mes seuls yeux amers

Qui pleureront le long des routes desséchées !

Mais t'attendre, malgré la mort, à des tournants,
Quand les nuits sont, au Sud, de palmes et d'étoiles,
Quand les parfums des oasis sont dans nos moelles
Et que l'Islam circule en ses manteaux traînants !

Te regretter, alors que je ne t'ai point vue,
Au moment où mes mains allaient prendre tes mains,
Me heurter, moi vivante, à toi, tombe imprévue,
Sans avoir échangé le regard des humains !

Je pense à toi, je pense à toi dans les soirs roses,
Jeune femme, ma sœur, jeune morte, ma sœur !
Tu me parles parmi l'éloquence des choses,
Et ta voix, ô vivante, est pleine de douceur.

Salut à toi, dans la douleur de la lumière
Où tu vécus d'ivresse et de fatalité !
Le désert est moins grand que ton âme plénière
Qui se dédia toute à son immensité.

Toi qui n'étais pas lasse encore d'être libre,
D'avoir tant possédé tout ce que nous voulons,
Ni que toute beauté frissonnât par tes fibres
Comme un chant magistral traverse un violon,

Pourquoi la mort si tôt t'arrache-t-elle au monde,
Ne nous laissant plus rien que l'admiration,

Alors qu'il te restait encore, ô vagabonde,
À courir tant de risque et tant de passion ?

Tout se tait. La bêtise immense et l'injustice
Qui te regardaient vivre avec leurs yeux si gros,
Ne te poursuivront plus, au milieu de la lice,
Du hideux cri de mort qui s'attache aux héros.

Nous irons à présent lui dire qu'il se sauve,
Ton cheval démonté, sus aux quatre horizons,
Pour apprendre ta fin subite au néant fauve
Des Saharas sans bruit, sans forme, sans saisons.

Car toi tu dors, enfin parvenue au mystère
Que ton être anxieux cherchait toujours plus loin,
Enveloppée aux plis éternels de la terre,
Comme dans la douceur d'un manteau bédouin.

EN MARGE

PROFIL

Si tranquille et muet, si sage sous ta lampe
Dont l'abat-jour répand un jour vert et subtil,
    Je te vois lire de profil
Avec tes beaux cheveux descendus sur ta tempe,
Lisses et noirs ainsi qu'une plume d'oiseau.

Ainsi, calme lecteur sculpté comme au ciseau,
Qui croirait que ta force intérieure est prête,
Soit grand éclat de rire ou discours emporté,
À bondir pour un mot, pour un signe de tête,
Dont, tout entier, ton être en feu va s'exalter ?

Ton visage, troublé de joie ou de colère,
    Va donc se dresser fulgurant
Selon l'instant qui va te plaire ou te déplaire,
Mais qui ne peut sur toi passer indifférent.

Car ta vie est un étalon tout blanc d'écume
Qui ne s'attelle point au morne jour le jour,
Mais hennissant, ruant et cabrant tour à tour,
Piétine et danse en liberté sur la coutume…

Ah ! scandale à jamais des hongres de partout,
Mon homme ! qu'il fait bon et dur contre ton âme !
Que j'aime ton esprit qui galope à grands coups
À travers le silence immense où je me pâme,

Toi que je vois ainsi sculpté comme au ciseau
     Lire de profil sous ta lampe,
Avec tes beaux cheveux descendus sur ta tempe,
Lisses et noirs ainsi qu'une plume d'oiseau…

POUR UN AMI

À la charmante mémoire de la Comtesse R. de C.

Nous pensions la revoir, nous ne songions à rien,
Et voici qu'on nous dit tout à coup qu'elle est morte.
Alors nous nous sentons frustrés de notre bien.
La tombe a pris si vite un corps comme le sien,
Corps de grâce où vivait une âme fière et forte !

Où sont allés sa voix, ses yeux au regard net,
Ses mouvements exacts, sa native élégance ?
Nous disions : « C'est avec son cœur seul qu'elle pense. »
Penchée au miroir pur de sa tristesse immense,
Tout ce qu'elle ignorait elle le devinait.

Mais vous ?... Comment finir la route commencée ?
Votre âme reposait dans sa petite main,
Elle était votre épouse et votre fiancée,
Elle était l'aujourd'hui, l'hier et le demain...
Et vous demeurez seul au milieu du chemin !

Souvenez-vous. Elle avait peur de la vieillesse.
Peut-être cela seul calmera votre mal,
De songer que ses yeux parfois, pleins de détresse,
Regardaient scintiller, comme un signe fatal,
Un premier cheveu gris parmi l'or de sa tresse.

Souvenez-vous, souvenez-vous de son tourment !
Jalouse, elle guettait votre désir d'amant.
L'âge n'aura pas mis son masque sur sa face :
Elle est partie en plein amour, en pleine grâce,
Pour rester, par la mort, jeune éternellement.

MÉDITATION SUR UN VISAGE

J'ai douloureusement médité devant vous
Et j'ai pleuré sur vous, vieille dame étrangère
Qui ne pouviez savoir ma jeunesse légère
Occupée à fixer vos traits pâles et mous.

Je m'étonnais si fort que vous fussiez rieuse,
Moi qui d'abord pensais que vous n'aviez plus rien
Ayant à tout jamais perdu l'unique bien
D'être tentante, d'être étrange et vaporeuse.

La vie est-elle donc moins dure qu'on ne croit,
Puisqu'elle soigne encor comme une bonne mère,
Qu'elle sait égayer cette vieillesse amère
Où tout semblait devoir n'être que morne et froid ?

Et pourtant avec quelle épouvante cachée
Je regardais, songeant à la blancheur de lis
De nos âges, la peau ravagée et tachée
De ce masque qui fut jeune femme, jadis !

— Moi qui veux vivre jusqu'au bout, est-il possible
D'imaginer qu'ainsi je pourrai rire un jour
Lorsque je n'aurai plus ce trésor indicible :
L'audace, la beauté, l'entrain, l'orgueil, l'amour ?...

FOURNEAU ÉCONOMIQUE

Je les ai vus, les pauvres gens, avec leurs dos
Humiliés, leurs dos pleins de malheur, attendre
La pitance qu'on leur donnait sans geste tendre,
Sans bon regard, ainsi qu'aux mauvais animaux.

Pourquoi m'a-t-il fallu souffrir de leur onglée,
De leur faim, de leur soif, du regard de leurs yeux ?
Pourquoi criait vers moi leur foule désolée ?
Je ne suis pas le Christ. Que puis-je, moi, pour eux ?

N'avez-vous pas, autour de vous, senti mon âme ?
La pitié passa sur vos visages nus,
Pauvres gens, pauvres gens pour qui mon cœur de femme
Se mourait de douleur après vous avoir vus.

MUSIQUE

I

La musique a frôlé mon âme de ce soir
Et je suis devenue ivre et obéissante.
Faut-il que, jusqu'au fond de l'être, je la sente
Et ne comprenne pas ce qu'elle peut vouloir ?

N'auras-tu pas pitié ? Nous nous sentons si lasse
D'être le violon de ton archet nerveux.
Ô Musique, torture et douceur, grâce !… grâce !…
Qu'y a-t-il donc en toi qui prend comme des yeux ?

Ah viens ! tords-nous les mains, musique, spasme chaste
Tu fais lever en nous, à travers des sanglots,
Toute une âme de fond passionnée et vaste
Comme le vent, comme le ciel, comme les flots.

II

La musique m'a prise et faite son esclave,
Quand ces musiciens, ce soir, chantaient entre eux,
Ils chantaient et jouaient toute leur âme slave,
Menés par la guitare au profond ventre creux.

Ils croyaient s'amuser un peu sur la guitare,
Mais leur race sortait des cordes et du bois,
Et le grand crescendo qui leur gonflait la voix
Exhalait leur douceur charmeresse et barbare.

Caucasiens, bohémiens, petits-russiens,
Tous les rythmes formaient une géographie
Intangible, qui rit du temps et le défie ;
Et le pays entier reconnaissait les siens.

— Rythmes slaves, bouffée inconsciente et pure,
Musique de ce soir ! leur Révolution
Coulait aussi, comme du sang, de la mesure,
Avec son rêve triste, avec sa passion.

Et, seule, je tenais entre mes mains ma tête,
Et mon cœur défaillait, et je songeais tout bas :
« Toute réalité pour eux est la défaite,
Car ils ne veulent pas, car ils ne savent pas… »

TROIS VOIX DE CE TEMPS

I

VOIX DES ROIS

À bout de sang. La race en nous est un vampire.
Donc, comment serions-nous des hommes, étant rois ?
Et si le monde dit : « Que la lumière soit ! »
Que comprendrions-nous ? Le monde, c'est l'Empire.

L'huile du droit divin brille à nos têtes d'or ;
Mais nous ne savons pas pourquoi nos yeux sont tristes
Pendant qu'autour de nos clinquants vivent si fort
Les foules, ouvriers, penseurs, rêveurs, artistes.

Or, sur ta pourpre, ô sang de la réalité,
Quand nous traînons ainsi la pourpre des légendes
Et l'ennui, faut-il donc que notre cœur entende
Gronder aux quatre vents l'hymne à la liberté ?

Faut-il donc sur nos yeux nos mains terrorisées
Pour ne pas voir monter sur nos États amers
L'épouvantable, rouge et magnifique mer
De la révolte en route où grincent des risées ?

Les bons droits sont autour de nous comme des loups.
Mais s'il ne se peut pas que la meute se taise,
Si nous sentons toujours vaciller sur nos cous
Le chef inconscient et doux de Louis seize,

Amen ! Vers un vétusté et niais infini,
Sans nous plaindre, levons de sublimes fronts calmes,
Et, d'avance, tendons nos bras martyrs aux palmes,
Ignorant quel long crime avec nous est puni.

Pour pénétrer tout droit en pleine apothéose,
Face à l'Histoire, au seuil du couchant violet,
Sans avoir soupçonné jamais de quelle chose
Toute l'humanité debout nous en voulait...

II

VOIX DU RÊVE

L'intime liberté, la liberté tout bas,
Nous l'enseignons à l'homme, en secret, face à face.
Mais, si l'heure a sonné de l'anarchie en masse,
Du fond des quatre points nous appelons le tas.

Moutons ! Moutons ! le maître a mis ses belles marques
Majuscules au flanc des dociles toisons.
Mais viennent à craquer les planches qui vous parquent,

Votre débordement crèvera l'horizon.

Que, sur les grands chemins de poussière ou de neige,
Vous inscriviez votre ruée avec du sang,
Qu'importe, si déjà le berger tout puissant
Pâlit de peur, de voir que son troupeau l'assiège ?

Moutons, moutons humains ! Foules ! Tous les sans nom
Tous les sans droits, venez ! C'est le jour du délire
Des cœurs. S'ils sont en vous tendus comme des lyres,
Chantez, huez, gueulez plus fort que les canons !

Vos millions de voix réveilleront le monde.
Toutes les nations, prises d'étonnement,
Écouteront debout comme le souffle gronde
D'un peuple, génial poète d'un moment.

Ivresse ! Ô coup d'épaule aux portes millénaires,
Air vierge respiré pour la première fois,
Sombre fléau faisant à grands coups, sur son aire,
Sortir la liberté de la gerbe des rois !

— Or, nous vous l'enseignons, vous tous qui voulez vivre
Pas de mornes revers aux géantes horreurs
Des révoltes. Gardez vivante dans vos cœurs
Cette exultation du jour qui vous délivre.

Que chacun porte en soi toute l'humanité.
N'accueillez pas dans vos esprits l'oubli du crime ;

Que ne s'y taise point la clameur unanime,
Le cri d'accouchement de votre liberté.

Craignez pour lendemain le jour-le-jour infâme,
La routine de ceux que vous avez jugés,
Leurs maisons, leurs soucis, leurs livres et leurs femmes,
L'ornière de leur vice et de leurs préjugés.

Que le quotidien forfait de l'égoïsme,
Que la honte des lois et des religions
Ne vous atteignent pas de leur contagion,
N'abâtardissent pas votre rouge lyrisme.

Mais quand tout sera coi sous des gazons épais,
Bâtissez sur le plan des rêveurs que nous sommes.
Aimez-vous. Travaillez. Pensez. Soyez en paix,
Soyez dignes, soyez simples. Soyez des hommes.

III

VOIX DU PEUPLE

Ceux-là, leur foi, leur loi, leurs livres, leurs maisons,
Ceux-là, contre lesquels nos vagues se soulèvent,
Ceux-là qui font rugir nos cœurs et nos raisons,
Ceux-là que nous avons jugés, c'est notre rêve.

C'est le lendemain vrai de notre liberté,
Le mur neuf reconstruit sur le mur millénaire,
Nos fils, le sang du sang révolutionnaire
Sur les chemins de boue ou de neige égoutté.

Aujourd'hui, le beau souffle rauque, hommes ou femmes,
Passe en nous. Mais ce n'est que le moment d'un cri.
Demain, pour reposer notre grand corps meurtri,
Nous nous endormirons pour nous lever infâmes.

Notre soc indigne retournant le sillon
Humain, croit s'attaquer à la mauvaise graine,
Mais déjà la moisson d'injustice et de haine
Repousse au dur labour de nos rébellions.

Donc, ayant dit tout haut ce que nous voulions dire,
Réclamé devant tous ce qui nous était dû,
Notre foule, poète en feu, ne sera plus,
Et dans l'oubli muet se détendra la lyre.

C'est pourquoi, de nos mains sanglantes, nous mettrons
L'huile rance des rois au front des Républiques,
Et livrerons le monde aux nations obliques
Que nous aurons laissé couver dans nos girons.

Pour que la Ville avec son masque de façades,
Avec son monstrueux et morne jour-le-jour,
Stupide, dans l'orgueil des prisons et des tours,
Renaisse lentement du cœur des barricades.

LUCIDITÉ

Ta bouche, ma beauté, ma grande et ma chérie,
Ta bouche toujours jointe est une pierrerie,
Ta bouche qui contient les bonheurs et les maux,
    Qui contient l'ombre et la lumière,
      Ta bouche où reposent les mots
        Et qui se tait comme une pierre,

Rouge cachet du masque humain silencieux,
     Aussi tragique que les yeux,
      Muette comme les corolles,
   Ta bouche où dorment les paroles…

Cassandra ! Cassandra ! De la mort à l'amour,
Elle sait tout, la bouche en feu comme une braise !
     Mais il vaut mieux qu'elle se taise,
Ô Prophétique, ô Vérité ! Le monde est sourd.

ARCHANGE

Le vent du crépuscule, en Europe, autrefois,
Dans mes jardins mouillés faisait pleurer mes roses,

Et je sentais toucher subtilement mes doigts
Le grand archange entré par les fenêtres closes.

Archange du couchant, ombre, toute blancheur,
Qui fermais sur ton corps la robe de tes ailes,
Diras-tu si jamais ta face m'a fait peur,
Si tes plumes n'étaient chez moi comme chez elles ?

Si, livide et gonflé de vent comme un vaisseau,
Aux fenêtres du soir tu ne m'as fait des signes ?
— Ah ! n'ai-je aimé jamais ni mouettes ni cygnes
Pour m'effrayer du vol adolescent d'oiseau,

Et, pour trembler avec la honte de ma caste
D'une Présence auprès de mes sens animaux,
N'ai-je conçu, jamais dans ma poitrine chaste,
Un amour sans toucher, sans regard et sans mots ?

PRÉSENCE

Il faut que Dieu vive et que tu existes,
Pour que brûle en moi cet encensoir en feu
Vers ta face opposée à la face de Dieu,
Bien aimé des purs, des invaincus, des tristes.

Longtemps, sans savoir, parmi tous les chants
Terrestres, j'ai suivi ta voix suraiguë,
Et mes yeux s'attardaient encor, la nuit venue,
À voir ton manteau traîner dans les couchants.

J'ai touché ton corps luisant dans les vagues,
Je t'ai respiré dans les subtils flacons,
J'ai deviné parfois tes yeux troublés et longs
D'idole, entr'ouverts parmi certaines bagues.

Maintenant je sais tes tours et détours
Et comment tu vis dans l'énigme profonde
Des lignes, dans le coin des bouches de Joconde,
L'équilibre des plis, l'axe des contours.

Je sais pourquoi j'aime et hais le supplice
Des dissonnants, des énervants violons
Et de l'art agressif avec ses vases longs
Comme enpoisonnés de leur vernis trop lisse.

Je sais pourquoi j'erre avec l'âme en deuil
Éprise des reflets des eaux indicibles,
Sombre et sombre, les mains vers tous les Impossibles,
Dans l'exaltation dure de l'orgueil.

Je sais pourquoi vont quelquefois mes songes
Vers l'incomplet et vers l'indéterminé,
Pourquoi me plaît le mal du baiser détourné,
Pourquoi m'attire l'ombre et tous ses mensonges.

— Donc, ô toi ! présent dans tout ce chaos
Qui fait mon bonheur trouble et mélancolique,
Toi dont je cherche en vain la face archangélique,
Prise dans les reflets, les ombres, les eaux,

Grâce ! donne-moi ta bouche de femme,
Ton odeur de lys, ton regard orageux,
Pour que brûle à ton souffle et se noie en tes yeux
Ma sensualité qui peut-être est mon âme !

IN MEMORIAM

Pendant que je suis jeune et vivante, grand'mère,
Te voici morte, toi, sans rien dire, au pays,
Par quelque jour glacé de la saison amère,
Quand les prés ne sont pas encore épanouis.

Je pense tendrement : tu fus si longtemps femme,
Et toute la fatigue était dans tes genoux.
Tu te reposes donc enfin, de corps et d'âme,
Dans la terre foncée et fraîche de chez nous.

Ta beauté n'était plus qu'une feuille séchée.
Tu n'auras maintenant ni forme ni couleur,

Plus rien d'humain, plus de regard et plus de cœur
Où loger ta tristesse apparente ou cachée.

Ton esprit, compliqué jadis, était en toi
Devenu par avance aussi simple, à la longue,
Que les fleurs qui naîtront bientôt de ton corps froid,
Lorsque, au vent, germera ta sépulture oblongue...

Donc, l'étroit cimetière entre deux chemins creux
Ayant enseveli ta figure dernière,
Cette saine vieillesse et sa carrure fière,
Ce visage au beau nez de ruse, aux jolis yeux,

Requiescat sur toi, vieille dame normande !
Que la terre soit douce aux os qu'elle a couverts,
Et que bientôt l'Avril des champs et des prés verts
Balance sur ta mort une branche gourmande...

MEILLEUR PLAISIR

Malgré ce qu'elle crie aux heures de la chair,
L'amour, cette profonde inguérissable plaie,
    N'est pas son plaisir le plus cher.
    Elle dira pour être vraie :

— Ce n'est cela, ni le voyage ardent au loin ;
Ce n'est pas de courir devers la renommée ;
    Ce n'est pas d'être belle à point ;
    Ce n'est pas d'être trop aimée.

Mon vrai plaisir est calme et doux comme un hamac :
C'est de m'asseoir devant le couchant ; c'est encore
    Quelque page de J.-S. Bach
    Qui vibre à mon toucher sonore ;

C'est, des heures, poser un silencieux front
Contre ma vitre de Paris, verdâtre et pâle,
    Pour voir les martinets, en rond,
    Envelopper ma cathédrale ;

Ce sont les soirs secrets, les soirs où j'aime autrui,
Où je pleure en dedans sur les malheurs du monde,
    Les soirs où la tendresse abonde
    Dans mon cœur sans rêve et sans bruit ;

C'est de me savoir seule, en un coin, accoudée,
Alors que, dans la paume étroite où je la mets,
    Ma tête enfante quelque idée
    Que nul ne connaîtra jamais ;

C'est, en somme, de me sentir humble et si chaste
Et si bonne, vraiment, que mon esprit en feu
    S'élève alors vers le ciel vaste
    Comme si je croyais en Dieu.

POUR BEAUCOUP

L'ennemi guette au fond de ses lâches repaires
Et cherche à se cacher tout en mordant de près.
Âge de pierre pour toujours. — Aucun progrès
N'adoucira jamais le venin des vipères.

Si loyale, si droite et pure, malgré tout,
Ô mon âme, ô ma sœur unique, tu t'exhales.
Faut-il que ces humains, amas immonde et fou,
Entourent ta beauté d'un relent d'âmes sales ?

Allons-nous en, allons-nous en bien loin d'ici.
Ma respiration souffre de ces haleines.
Allons blanchir, parmi les solitudes saines,
Le rêve intérieur que leur souffle a noirci.

POÈMES ORANAIS ET KABYLES

NUIT SUR LA MER

Alors que ce steamer tangue et roule sur l'eau,
Moi, bien couchée et seule en face du hublot
Qui, parmi l'ombre, épanouit son œil unique,
Je sens vivre sous moi la forme océanique.

De bâbord à tribord et d'amont en aval,
Heureuse de monter la mer comme un cheval,
Ma poitrine se gonfle et bat, car l'héroïsme
De mon âme native est à son paroxysme.

À nous le rêve obscur que nous fîmes souvent !
À nous l'ivresse, à nous l'écume, à nous le vent !
Cette nuit, je voudrais le bonheur et la rage
De mourir en riant dans l'horreur du naufrage !

TOURMENT

Douceur de la féroce Afrique léonine,
La Méditerranée, au creux du pays sec,
Chante dans les goëmons roux et le varech
     Son éternel poème grec,
Et je retrouve ici son odeur féminine.

À présent je le sais, moi qui connais le loin,
Le sol colonial où la moisson abonde
Et les villes du Sud dans l'immensité blonde,
     Je l'aime plus que tout au monde,
Mon esprit et mes sens ne s'en guériront point.

Elle vient, à mes pieds, rouler comme une bête
Son grand flot possédé de la divinité.
À jamais elle se souvient d'Aphroditè
     Et d'avoir enfanté
Cette ultime coquille arrondie et secrète.

Sais-je ce que je veux ? Sais-je ce que je veux ?
Un mystère profond m'attire à son rivage.
Quand n'attendrai-je plus, dans son calme ou sa rage,
     L'apparition d'un visage
Dont je mordrais la bouche et baiserais les yeux ?

— Mer Méditerranée, ô toi, belle étrangère

Dans ta robe d'Afrique éployée au soleil.
Te boire ainsi qu'on boit une coupe de miel,
    Porter ton saphir sans pareil
Au cou, comme une pierre inouïe et légère !

VISAGES

Nous avons admiré la campagne infinie
Et les monts bien boisés de la riche Oranie.

Nous avons fréquente sa ville capitale
Sur laquelle la mer indolente s'étale.

Tout le pays vivait dans l'abondance et l'aise,
Comme, en terre d'Afrique, une belle Française.

Mais nous savions comment la province s'ensable
Vers le Sud, dans l'horreur du soleil implacable,

Et que la vie y garde encore le visage
D'une Bédouine âpre, efflanquée et sauvage.

À TLEMCEN

À Tlemcen, parmi les tapis, l'ombre et la chaux
Fraîche, j'ai désiré d'être l'Arabe à mine
De brigand qui tenait si bien son cœur au chaud
Dans son manteau troué, sa race et sa vermine.

La mosquée entourait de son luxe charmant
Cette pauvreté profondément endormie
Dans l'oubli, le repos, l'ensevelissement.
Et j'enviais sa quiétude de momie.

Connaîtrai-je jamais sur la terre ce bien
De dormir dans un lieu de prière concrète
Et d'encapuchonner dans la laine une tête
Qui ne désire rien et qui ne pense à rien ?

À DJIDJELLI

À Djidjelli, nous ouvrions nos yeux heureux
Sur cette allée au clair de lune où les platanes
Avaient leur ombre exacte et noire devant eux.
Et, sentant rire en nous nos âmes de sultanes

D'Occident, dans la nuit illuminée où tout
Se taisait jusqu'au bruit même de la mer proche,
Nous étions sans désir d'ailleurs et sans reproche...
— Un peu de nuit, un peu de joie. Et c'était tout.

COMPLICITÉ

Ma grande tourmentée éternelle, la mer
Que voici ce matin bleue à trois rangs d'écume,
M'offre son acre goût d'iode et de sel clair
Comme une immense coupe amère que je hume.

Je sais le sens exact de sa fausse douceur
Faite de sable tiède et de vagues arquées.
Nous n'avons pas besoin de nous être expliquées ;
Je connais le secret de ma divine sœur.

Jamais son flot qui s'échevèle et se rengorge
Ne pourra se guérir du désir exigeant.
Il ne sera jamais ce calme carré d'orge
Dont frissonne au soleil la verdure d'argent.

MARINE DU MATIN

Comme au long du pays d'enfance vert et roux
Sur lequel déferlait le large dramatique,
Je rôde ce matin, seule et comme chez nous,
Vers les bords bienheureux de la mer exotique.

Je l'aime. Je voudrais lui confier mon cœur
Pour qu'il y soit roulé comme une pierre ronde,
Pour qu'il s'effeuille dans le flot comme la fleur
Dont la cloche fragile orne ma sombre et blonde
Coiffure, et qui, jetée au glauque va-et-vient,
Mêle son sucre au sel méditerranéen.

MISSIVE

Tout au travers des sombres monts du Thababor
    Où tournoyait l'aigle kabyle,
Écoute : j'ai passé sur mon cheval habile
À poser ses pieds fins sur les sentiers sans bords.

Vois-tu rôder, sur les sommets, ces brumes blanches
Elles s'ouvrent parfois, laissant à découvert,

      Entre la torsion des branches,
Tout le beau mois de mai d'en bas, puissant et vert.

Là, blessés par le drame ancien des orages,
Les vieux arbres haussaient l'azur à bout de bras,
Et leurs faîtes cardaient la fuite des nuages,
      Les jours de vent et de ciel bas.

J'ai bu dans le soleil les sources éternelles
Qui débordent, suivant leur pente, de partout,
      Et qui gardent le petit goût
Des fougères en fleurs qui détrempent en elles.

Dans la neige d'en haut, quelque gibier caché
      Se laissait surprendre à la trace,
Et, dans les morceaux chauds du pays, les rochers
Avaient des singes gais qui faisaient la grimace.

Et, comprends-tu ?... Serrée au pied d'un chêne fort
Et mouillé, j'oubliais la grande horreur du sable,
Dans la bonne forêt qui porte, invariable,
      Sa mousse du côté du Nord.

AMOUR

Qu'obtiendrons-nous jamais de vous, noces humaines,
Puisqu'en nous l'animal est mort ou presque mort ?
Mais t'obéir, nature ! aller où tu nous mènes,
Et que tes seuls parfums tuent en nous tout effort.

Mais nous mourir, les soirs que le désir nous couche,
De la possession de tes grands bras touffus,
T'aimer, nous qui savons quelle épouse tu fus
Pour ceux qui t'ont voulu connaître bouche à bouche !

Propice à nos repos comme à nos passions,
Ton visage, qui change avec toutes les heures,
Rit lorsque nous rions, et, si nous pleurons, pleure,
Sans yeux pour nous tirer une explication.

Tu ne sais pas l'horreur du geste et des paroles,
La contradiction de cet amour impair ;
Tu nous tends seulement tes profondes corolles
Qui sont une douceur plus douce que la chair.

Ton sein ne connaît point la limite du spasme,
Le funèbre regret du plaisir accompli.
Pour offrir à nos sens un éternel phantasme,
Au creux des horizons ton amour fait son lit,

Nature, seul rachat de l'homme et de la femme,
Unique amie en qui cesse l'isolement,
Ô toi qui nous connais, toi dont nous savons l'âme,
Puisque ton âme, c'est la nôtre, simplement.

MANSOURIA

Je garde en ma pensée et je n'oublierai point
Une grotte marine, où, debout, haut la tête,
Je regardais s'ouvrir et se fermer de loin
     Les mâchoires de la tempête.

Comme en un coquillage immense où se cacher,
Toute seule j'entrais furtivement en elle.
L'eau souterraine y sculpte à même le rocher
     Des cathédrales naturelles.

Au plus profond des creux d'architecture et d'eau,
Ai-je cru voir ou vu, de mes yeux, la sirène
Porter les bleus joyaux marins comme un fardeau
     Sur sa chair lisse de murène ?

Que sais-je ?... Par respect je n'ai pas effaré
Celle dont le secret dans les trous d'eau se couche,

Et je n'ai pas connu son peureux corps doré
 Ni le goût d'huître de sa bouche…

PASSIONNÉMENT

Je garde la mémoire ainsi qu'une blessure
De cet enfant Kabyle avec qui j'ai parlé.
Ce n'est pas pour son corps couleur de datte mûre
Dans sa robe de pâtre au geste immaculé ;

C'est parce que son masque immobile de cuivre
S'est improbablement et doublement fendu
Pour deux pâles iris où le cœur éperdu
Se noie, et sans lesquels on ne saurait plus vivre.

Ses pieds sont nus. Sa tête est chaude de plis blancs.
Il a contre une joue un seul pendant d'oreilles,
Un tatouage au front. Et, douce sur ses dents,
Sa bouche violette est un muscat des treilles,

Il ne sait rien, ni royauté, ni qu'en sa chair
Foncée, au pur contour de frêle idole mâle,
La lueur de ses yeux brille comme une opale.
Il ne sait même pas qu'il a le regard clair.

Il ouvre ce regard et ne se croit qu'un pâtre
Qui rit et joue avec un parler guttural.
Il ignore sa force. Il ignore le mal
Qu'il fait, qu'il est Circé, Dalila, Cléopâtre.

J'ai vu pleurer de près dans les cils de ces yeux
Une émeraude bleue, une turquoise verte.
La sirène affleurait sur leur surface offerte,
J'y devinais la forme effrayante des dieux.

Ces yeux ! Mon souvenir les boit comme deux sources
Qui me laissent un goût très doux et très amer.
Ils sont le but de vivre et le terme des courses,
Tout ce que j'ai voulu du ciel et de la mer.

Ils sont la joie et la douleur de la musique
Et des parfums, qu'on aime et qui vous font pleurer.
C'est pourquoi je dédie à cet enfant doré
Ma chair spirituelle et mon âme physique.

Je n'en avais jamais rêvé comme les tiens
Quand mon désir cherchait les regards des amies.
Puisqu'à présent, ô souvenance ! je le tiens,
J'oublierai jusqu'au yeux des sphinx et des momies.

J'ai vu tes yeux, Phaon. Je sais qu'il me les faut
Ou que je vais périr du souhait de mes lèvres.
Pourtant je passe. Reste à surveiller tes chèvres :
Je ne veux pas mourir de la mort de Sapho.

D'UNE FENÊTRE SUR LA RADE

I

ENVOL

Dans le creux de ces huit montages orageuses,
La baie au soir tombant est comme un bol de lait.

Viens t'accouder devant le port, puisqu'il te plaît
De voir évoluer les coques voyageuses.

Tu ne sais pas le mal et le bien que te font
Ce soir tombant, ce ciel, ce port, ces promenades,

Toi dont l'âme d'oiseau de mer, devant les rades,
Tourne en criant autour des bateaux qui s'en vont.

II

ÉLAN

Personne ne pourra sur la terre savoir
    Combien j'aime les silhouettes
Des puissants paquebots ancrés, rouges et noirs,

Dans les ports bleus d'Afrique où tournoient les mouettes.

Ô mes chers paquebots pour un jour à l'écart
    Du large où le destin se joue,
Que soit ma face au vent la figure de proue
De vos avants tournés du côté du départ !...

III

VEILLÉE

À la fenêtre lumineuse de la chambre,
Le clair de lune, peu à peu, devient le jour.
Qu'est-ce donc, dans ton âme obscure, qui se cambre
    Et qui s'affaisse tour à tour ?

Pourquoi donc cette nuit de veillée inquiète ?
Faut-il, faut-il, alors que le monde est blafard
Et mort, qu'un bateau sombre attende quelque part,
Et que soit ton repos, comme d'une mouette,
Égratigné par la grande aile du départ ?...

EN GRAND SILENCE

En grand silence, à la fenêtre de Bougie,
On voit la ville exquise et propre qui s'endort.
La dernière lueur d'une vitre rougie
S'éteint parmi le clair de lune sur le port.

Nous sommes accoudés, pensifs, à la fenêtre,
Enveloppés de bleue atmosphère qui luit.
Les arbres ne font plus un mouvement, peut-être
Par peur, en remuant, de déranger la nuit.

Et nous goûtons, sans en parler, la douce angoisse
D'être oubliés et seuls au monde quelque part.
Au fond d'un clair de lune heureux que rien ne froisse,
Devant un port, la mer, l'inconnu, le départ…

AU PORT

LE POÈME DE L'ESTUAIRE

Mon beau pays m'a dit quand je suis revenue :
– Je te reconnais bien, visage qui souris.
Tu t'avances, ce soir, longeant mon fleuve gris
Dont s'évase, devant la mer, l'ample avenue.

D'où viens-tu donc ? Tes horizons glauques et bleus
Te voient rentrer bien tard, avec d'autres années
Dans l'âme, des soleils différents dans les yeux,
Sur ta bouche le sel des Méditerranées.

N'as-tu pas réchauffé ton visage et tes mains
À la molle douceur des chaleurs étrangères,
Entre tes doigts porté d'exotiques fougères
Et marqué de tes pas les sables sans chemins ?

N'as-tu pas rejeté tes premières bruines
Avec la pomme de tes prés mouillés de mer,

Pour mordre de tes dents neustriennes la chair
Tragique, violente et rouge des sanguines ?

Regarde maintenant : cette mer devant toi,
Derrière toi ce fleuve, à tes côtés ces rives
T'environnent sans bruit comme un reproche froid,
Se demandant pourquoi, ce soir, tu leur arrives.

Qu'as-tu fait du pays intérieur, celui
Qui dans ton âme était l'image de ces choses ?
Qu'as-tu donc respiré, quelles charnelles roses,
Puisque, dans ton regard, ce feu sombre reluit ?

Ici, le monde est demeuré couleur d'opale.
Le sol devient la vase et la vase la mer,
Le fleuve se fait mer, la mer se fait ciel pâle.
Tout s'épouse, se fond, se reflète et se perd,

Et dans cet infini troublé, sirène grise
Aux pathétiques yeux changeants, l'âme du Nord
Demeure à tout jamais ensevelie et prise,
Et, parmi ses lueurs écailleuses, se tord.

Qu'as-tu fait de ton seul aïeul Hamlet, le prince
Ironique, vêtu de deuil et de pâleur ?
Ton pays ne veut point qu'aucun autre l'évince.
Qu'as-tu fait de Thulé, qu'as-tu fait d'Elseneur ?

Vois ton passé venir à toi sur cette barque

Couleur de feuille sèche, et debout au beaupré.
Il traîne en replis noirs son manteau de monarque
Sur ton originel paysage navré.

Pour toi seule, frôlant mouettes et bouées,
Par vases, par ciel pâle et par eau grise, il vient
Sous l'envergure au vent des voiles secouées,
Rapportant dans ses mains le cœur qui fut le tien.

Tout l'estuaire d'autrefois, couleur de pieuvre,
Te salue avec lui. Réponds à ce salut !
Que vas-tu dire, ô toi, jeune visage élu,
À ce silence, autour de ton front, mis en œuvre ?

Et sans paroles, j'ai, dans le soir trouble et froid,
Dit en pleurant d'obéissance et de tristesse :
— « J'atteste, ô mon pays, d'un sanglot qui me blesse,
Que je n'aime, n'aimais et n'aimerai que toi. »

DE RETOUR

Sur les quais de Rouen dont la masse s'allège
De mâts, de flèches d'or et de peupliers droits,
    Dans l'odeur du bois de Norvège
    Marchant sur nos pas d'autrefois,

Nous regardions avec des prunelles changées,
Car nous avions humé d'autres parfums plus forts,
    Frôlé d'autres coques chargées
    Et le désordre d'autres ports.

Nous sentions vivre en nous cette philosophie
De revenir plus gaie avec des yeux meilleurs
    Du fond de la géographie
    Et des voyages vers ailleurs.

Comprendra-t-on jamais la mémoire qui hante
L'être qui, lourd encor des roulements du flot,
    Va d'une marche titubante
    Avec un cœur de matelot ?

Ainsi, l'esprit rêvant de choses nostalgiques
Et plein des souvenirs du loin comme d'un lest,
    Nous allions sous les cieux obliques
    Du nuageux mois d'août de l'Ouest.

Et, revenue au port, loin du large où l'on tangue.
Heureuse, nous riions de nous sentir chez nous
    Et de parler la rude langue
    Sarrasine au pays des roux.

TRACES

Je sens en moi mon cœur diversement racé
Pour s'être laissé prendre entre tant de liens.
Et cependant, du fond des voyages, je viens
Rôder ce soir autour de mon premier passé.

Ce sont quelques maisons anciennes normandes
Où je remets, avec si triste persistance,
Mes pas trop grands dans ceux de la petite enfance...
Ô moi-même, à la fin, qu'est-ce que tu demandes ?

Pourquoi dans tes jardins jaunis, rouges de baies,
La rose froide et septembrale que tu cueilles
Ne suffit-elle point, ouverte entre ses feuilles,
À te redonner tout de tes premières haies ?

Si tes demeures sont ainsi toujours pareilles,
Comment l'enfance à tout jamais est-elle morte,
Telle qu'une fillette aux yeux trop grands, qu'emporte
Le mal d'un frêle cœur secret, gros de merveilles ?

Me dira-t-on pourquoi mes regards éblouis
Sont ouverts sur un souvenir jamais lassé ?
Rien ne reviendra-t-il à moi de ce passé ?
— Ô mon pays, hélas ! j'ai le mal du pays...

UN CHANT DE RETOUR

Honfleur, ma ville de naissance
Que j'aime plus que de raison,
Je te reviens de l'horizon
Ayant mené loin mon enfance.

Je t'avais dans l'âme et la chair,
Et si j'ai quitté ta jetée,
Ce n'est qu'à tout jamais hantée
Par ta grisaille sur la mer.

Ailleurs, il fait parfois bon vivre,
Mais toujours, ville des prés verts,
On est un peu ton marin ivre
Qui tangue à travers l'univers.

Qui sait quels calmes, quelles rages
On a vu loin de toi, Honfleur ?
Quels continents couleur de fleur,
Et qui sait même quels naufrages ?

Nul ne saura jamais jusqu'où
On a pu conduire sa barque.
Mais vois-tu quand on naît monarque,
Monarque on reste jusqu'au bout.

DE HONFLEUR

Honfleur, ma ville, je te vois
Du haut de ta colline, ô pluvieuse, ô grise,
Entre les flots pressés de ta mer qui se brise
Et le moutonnement terrien de tes bois.

Que de fois, devant d'autres villes,
J'évoquai tes contours tout immatériels,
Parmi l'Afrique fauve et ses blancheurs faciles.
Te voici donc enfin devant mes yeux réels.

Ma cité, combien sont tes plages
Tristes, ton estuaire évasif et navré !
Mais que sont gais et sains et riches tes herbages,
Tes arbres lourds de fruits et d'automne doré !

Parmi tes clochers et tes phares
Tu sens toujours le foin, la vase et le goudron,
Et tes barques toujours tirent sur leurs amarres
Et tes oiseaux de mer tournent toujours en rond.

Le temps où l'on allait aux Îles
Persiste en toi, parmi quelque quartier noirci.
Moi qui reviens de loin, ô ville entre les villes,
Je sais bien que, tous les voyages, c'est ici.

  Et sur ton profil de bitume
Et d'opale, montant de l'amas sombre et clair,
Je regarde s'étendre en biais vers la mer
Cette grande fumée ou cette grande brume.

  Phantasme traversé d'oiseaux,
Cette fumée ou cette brume qui s'élève,
N'est-ce pas, élancé de ma ville de rêve,
Mon esprit qui s'épand sur la terre et les eaux ?…

RETOUR À LA MER

Mer nocturne passée, ô toi que je retrouve,
Autrefois, par les soirs, le long de tes galets,
Sombre et seule, devers le destin je hêlais,
Et mon inquiétude errait comme une louve.

Salut ! J'aime toujours, grisaille dans le vent,
Ton flux influencé comme celui des femmes.
Ont-ils, tes flots pareils à des millions d'âmes,
Mémoire de mon front qui fonçait en avant ?

Ta rétractilité de bête monte et baisse.
Reconnais-tu mes yeux, toi qui prends, toi qui mens,

Toi qui roules, ainsi qu'une âme de Déesse,
Parmi tes eaux, l'obscur instinct des éléments ?

Tu berces sous mon ciel tes caprices d'opale,
Comme autrefois ; et moi, semblable au vaisseau fier
Qui rentre au port, plus beau d'avoir couru la mer,
Je m'en reviens ce soir plus royale et plus pâle.

Je m'en reviens pour repartir vers le bonheur
De vivre, de cingler droit au risque que j'aime...
Revenir. Repartir. — Ô mer grise, ô moi-même,
T'ai-je jamais quittée, intime profondeur ?

BERCEMENT

Les barques dorment dans ton port au bruit du large,
    Comme des oiseaux dans leur nid.
Elles dorment ayant leurs mâts dans l'infini,
Autour d'elles leur ville et la mer grise en marge.

Autour de toi ta ville et la mer grise en marge,
Tu dors aussi devant le natal infini.
    Comme un oiseau chaud dans son nid,
Tu dors parmi le bruit des barques qu'on décharge.

Les barques, toi, tous les oiseaux sont dans leur nid,
    À dormir, la tête sous l'aile…
Dors ! Ton âme-mouette est bien ici chez elle,
Dans son port, et devant le natal infini.
Dors ! Ton âme-mouette est bien ici chez elle,
    À dormir la tête sous l'aile.

PREMIÈRE OCTOBRALE

    Une feuille rouge à l'oreille,
    À bicyclette nous voici
    Par les bonnes routes d'ici,
Comme autrefois, avec une âme autre et pareille.

    Les marronniers sont déjà blonds.
    Nous nous sentons forte et vivace,
    Avec des ailes aux talons.
Il pleut des beaux marrons vernis au vent qui passe.

    Le long de la côte, la mer
    Est grise comme une crevette.
    La vie est bonne, fière et nette.
— Ô destin ! qu'est-il donc de si joyeux dans l'air ?

DEUXIÈME OCTOBRALE

Je suis chez moi. Voici mes tableaux coutumiers.
Je quitte mes marins, ce jour, pour mes fermiers.
    Ma ville vieille est sur ma baie,
Mais je vais vers la route, où, derrière la haie,
On entendra quelqu'un gauler dans les pommiers.

Je suis chez moi. Je mène au pas une âme alerte
Le long de chaque rue ou de chaque chemin.
    Je tiens, comme au fond de ma main,
Mon beau pays qui sent la barque et l'herbe verte.
— Et c'est tout aujourd'hui, tout hier, tout demain.

TROISIÈME OCTOBRALE

Ce soir, je n'ai besoin des femmes ni des hommes
Pour que mon difficile cœur se sente bien.
À travers mon pays Octobre sent les pommes,
Et, passionnément, je possède mon bien.

Je ne veux rien de plus. La simple et bonne route
Qui s'en va par les champs récoltés, le croissant

Qui monte à l'horizon du rouge soir puissant
Et quelques vieux pommiers tordus, me prennent toute.

— Je te mords, mon pays, à même, ô pain doré !
Ma soif boit la belle eau qui court dans ta vallée.
Je sens toute mon âme ivre, heureuse, comblée,
Se rouler sur la terre où je retournerai.

EN FORÊT DE BROTHONNE

Nous aurons tant aimé notre grande Brothonne,
Ses pins nerveux, si bruns, si rouges et si roux
Qu'ils semblent revêtus d'une éternelle automne,
Ses hêtres de lumière aux troncs lisses et doux.

Un grand frisson toujours a couru dans nos moelles
D'entrer dans l'odorante et verte obscurité
Où filtrent jusqu'au sol ces taches de clarté
Qui remuent dans la mousse ainsi que des étoiles.

Les rosaces du ciel pris entre les rameaux
Et l'élan biaisé des branches principales
Récitaient la prière inouïe et sans mots
De la grande forêt, mère des cathédrales.

Et, lorsque, insinuant et rouge, un soleil bas
Glissait avec le soir à travers les hêtraies,
Que les troncs élancés craquaient comme des mâts,
Que les ombres barraient les chemins de leurs raies,

Bien souvent, égarés dans le silence vert
Où chuchotent l'histoire et les contes de fée,
Nous attendions, dans la bruyère ébouriffée,
De rencontrer Merlin ou le roi Dagobert...

SONNERIES DU SOIR

I

Quand l'invisible cor qui s'éteint et renaît,
Déclarant la détresse immense de l'automne,
Du fond de la forêt, au soir, tremble et détonne,
    Qu'est-ce donc en nous qui s'étonne
    Et qui pourtant se reconnaît ?

Quelle France ancienne en notre âme se lève ?
Pourquoi sanglotons-nous quand passe cette voix ?
Pourquoi, pourquoi, la sonnerie, à travers bois.

Comme un pauvre cerf aux abois,
Poursuit-elle ainsi notre rêve ?...

II

Sur la rivière et sur le pré
Parmi quoi déjà traîne un septembre doré,
C'est l'hallali que sonne,
Des profondeurs de la Brothonne,
Vers un cerf invisible un cor désespéré.

Pourquoi, quand nous étions sereine
Et ne songeant à rien, ce soir, sur le talus,
La forêt souveraine,
À notre âme contemporaine,
Parle-t-elle d'un temps dont nous ne sommes plus ?...

TRIOMPHE

Le cimetière où dort un peu de Normandie
Repose, étroit et vert, dans la fin de l'été.
Il nous plaît, visitant chaque pierre tiédie,
Lire les noms des morts sans immortalité.

Le secret des défunts et de leur chair changeante,
Tout ce matériel et variable après
Est sous l'herbe, les fleurs, les croix et les regrets.
La terre est fourbe et cache bien ce qui la hante.

Sur un tertre envahi, le nom s'est effacé.
Nulle couronne, au vent qui passe, ne cliquette.
Celui qui gît ici n'est plus rien qu'un squelette,
Cadavre du cadavre et passé du passé…

— Ô fatale ! Ô banale ! Ô toi l'insatiable
À qui l'amour fournit tant d'êtres, tant de morts,
Que ton abîme ouvert ne me soit redevable
Que de mon seul fragile, étroit et tendre corps !

Je n'apporterai point l'offrande maternelle,
La chair humaine qui naîtrait de ma beauté
À l'éternelle mort de la Vie éternelle.
Je triomphe de toi par ma stérilité.

CHEMIN CREUX

Le long du chemin creux, sous l'arche
Du feuillage de droite et de gauche assemblé,

La haute charrette de blé
A l'air d'une meule qui marche.

Le chemin est toujours pareil,
Humide, caillouteux, étroit, et d'un vert sombre.
À travers branches, le soleil
Pleut à grosses gouttes dans l'ombre.

Tout au milieu du blé pesant,
Que je voudrais, sur la charrette cahotique,
Dans un rêve de paysan
Bercer mon âme énigmatique !

LE POÈME DU LAIT NORMAND

Intarissable lait de velours blanc qui sors
Des vaches de chez nous aux mamelles gonflées,
Lait issu de nos ciels mouillés, de nos vallées,
De nos herbages verts et de nos pommiers tors,

Je pense en te buvant à ces bonnes nourrices,
Trésor très précieux entre les bestiaux,
Je revois les beaux yeux tranquilles des génisses,
Les taches de rousseur sur le blanc de leur dos.

Je crois connaître en toi le goût des paysages
Traversés de soleils couchants et de matins,
Si bleus sous le duvet de prune des lointains
Et parfumés de fleurs, de fruits et de fourrages.

Louange à toi, beau lait généreux qui jaillis !
En vérité je bois avec toi mon royaume
Riche en clochers à jour et riche en toits de chaume,
Louange ! car je bois avec toi mon pays,

Mon cher pays, le seul où mon cœur se retrouve
Chez lui, sans plus songer à revendiquer rien,
Mon cher pays, le seul où je me sente bien
Comme un petit contre sa mère qui le couve.

Louange à toi, beau lait, ô mon lait maternel !
Donne-moi la vigueur qui menait mes aînées.
Puisses-tu me nourrir encor bien des années
Avant l'ennui profond du repos éternel.

HYMNE

Qui nierait ta splendeur, ô province natale,
Ma Normandie, amour fidèle de mes yeux,
Morceau d'ouest français sur qui la mer s'étale,

Terre civilisée au labour copieux ?

La dure cathédrale et le mol toit de chaume
Depuis des siècles voient s'entasser tes moissons.
Tes charrettes de blé, tes barques de poissons,
Tes troupeaux, suffiraient à nourrir un royaume.

Le commerce tranquille et riche de tes ports,
Ta ville capitale orgueilleuse et notoire,
Toute ta vie a ses racines dans l'Histoire,
Ainsi que dans ton sol plongent tes hêtres forts.

La mer brusque et la Seine attendrie et pallide,
Les pommiers dépassés de clochers triomphants,
Tant d'aspects reflétés au fond de tes enfants
Leur font l'âme qu'ils ont, brumeuse mais solide.

Pareils à leur pays aujourd'hui comme hier,
Il n'est un laboureur au fond des fermes grasses
Qui d'être né Normand ne soit heureux et fier,
Car les tiens sont racés entre toutes les races.

Louange à ton printemps d'aubépines en fleur,
À ton été chargé de grains et de verdures,
À ton automne jaune où les pommes sont mûres,
À ton hiver touffu de givre et de blancheur.

Douceur et force, en toi nulle saison méchante.
Rien qu'air pur, prés féconds, beaux fruits, gras bestiaux,

Nobles cités debout au bord des belles eaux
Et personnalité bonne qu'il faut qu'on chante.

Nous t'aimons ! Qu'à jamais ton savoureux accent
Vive, et tes arbres drus, foncés sur tes ciels pâles,
Ô mère riche en herbe et riche en cathédrales,
Ô toi que, pour toujours, nous avons dans le sang !

AVE MARIA

À Notre-Dame de Grâce, de Honfleur.

Revenue à votre chapelle si naïve
Entre ses arbres et tout au-dessus du flot,
Où mon enfance écoutait la mer sur la rive
À travers le vitrail trouble comme un hublot,

Notre-Dame, je vous invente une prière.
Je vous rends hommage à genoux, comme je peux.
Vous savez que jamais, à présent ou naguère,
Je n'eus en moi la croyance de mes aïeux.

Sainte Marie, entre vos lys, vous êtes belle.
Je suis venue à vous d'un geste nonchalant,

Aujourd'hui, sur mes petits pieds chaussés de blanc,
Mes petits pieds de communiante nouvelle.

Quand j'étais une enfant je vous disais *ave*
Sans y croire déjà, Notre-Dame de Grâce.
Je n'y ai plus pensé depuis : mais votre face
Me semble douce comme un visage rêvé.

C'est pourquoi, ce matin, toute d'or, ô barbare,
Souffre que, tendrement, j'ajoute mes saluts
À ceux des pêcheurs roux qui t'ont mise à la barre
Des barques, dans le sel des voiles et chaluts.

Je voudrais bien toucher à tes deux belles joues
Anciennes, qui sont deux fleurs de ton sang clair,
Étoile des marins de chez moi, qui te joues
Comme une mouette ivre au-dessus de la mer.

Puisque les matelots ont joint leurs mains saumâtres,
Brûlé tant d'historique et séculaire encens
Pour toi, je veux qu'aussi tes regards tout-puissants
Me voient, blanche, parmi les cierges idolâtres.

Protège-moi, qui suis d'ici, comme un bateau,
Notre-Dame, à travers le voyage de vivre !
Et, s'il faut devant toi suspendre un ex-voto,
Voici câlinement mon cœur que je te livre.

DÉCLARATION

Moi qui viens des gens que tu parques
Entre ton port et ton clocher,
Qui pourra jamais arracher
Mon cœur de toi, ville des barques ?

De jour et de nuit, combien j'aime
Les voir gagner les horizons,
À la fois oiseaux et poissons,
Ces barques que le vent essaime !

Honfleur, ô ma ville, ô ma barque,
Au pays froid, au pays chaud,
Je porte dans l'âme la marque
De tes voiles rudes : H. O.

NOCTURNE

    Nuit sur le port. Signaux et feux
Ont défait leur collier de lueurs dans l'eau verte.
Un clapotis, autour des paquebots inertes,
Les endort dans l'oubli du jour aventureux.

    Les grandes barques repliées
Dansent un peu le long du bassin sombre et clair
Et tirent en craquant sur leurs cordes liées,
Comme ne pouvant pas se calmer de la mer.

    Repos des horizons barbares,
Berceuse de douceur planant sur les bassins…
Et pourtant, dans la nuit, les clignements des phares
Signifient tout le large et ses mauvais desseins.

    — Dis ? Pourquoi ta tranquille eau verte
Mon petit port, a-t-elle une blessure au cœur ?
Pourquoi, pourquoi ta quiétude est-elle ouverte
Sur l'infini gonflé de joie et de douleur ?

À UNE MOUETTE

Qui donc aurait souffert, pauvre mouette prise,
    Ton grand essor capté ?
Tu tremblais dans mes mains, doucement blanche et grise,
    Toute chaude de liberté.

Esclave, je t'avais achetée au passage
    À ces mauvais garçons,

Et ce geste me plut d'aller jusqu'à la plage
    Te rendre à tes quatre horizons.

Les plumes de ta tête étaient lisses et belles
    Sous mon baiser fervent ;
Puis j'ouvris mes deux mains, tu ouvris tes deux ailes,
    Et partis libre dans le vent.

— Emporte sans savoir le baiser du poète
    Au large inapaisé.
C'était toute la mer, ô chère sœur mouette,
    Que j'embrassais en ce baiser.

DANS LE CHANTIER

Dans le chantier, nous irons voir si les charpentes
Des barques qu'on bâtit devant l'infini clair
Sont prêtes à glisser bientôt le long des pentes
Qui doivent les mener pour toujours à la mer.

Nous aimons tant à contempler ces grosses côtes,
Ces squelettes de bois, dont s'enflent les beaux flancs
Pour la lutte future avec les vagues hautes,
Par des jours et des nuits d'orages gris et blancs !

Qui peut prophétiser, ô bien peintes, ô neuves,
Vous qui ne connaissez du large rien encor,
Par quels ciels étoiles et par quelles épreuves
Furibondes vous passerez avant la mort,

Avant la lamentable mort de cette épave
Qui fut barque, et qui, maintenant, sur le côté,
Étale à quelques pas sa charogne concave
Devant ce même flot qui doit vous emporter…

LA FERME VIDE

I

Assise toute seule à l'angle du vieux mur
De cette ferme ouverte et pour un moment vide,
Je sentais le repos combler mon être avide,
Car j'étais arrivée ici dans l'abri sûr.

Je songeais, écoutant l'égouttement du chaume
Un peu mouillé de pluie et couronné d'iris,
Aux rustiques seigneurs, les fermiers, dont la paume
Large avait possédé ce bien de père en fils.

On entendait, du fond des vertes avenues,
Crier les essieux des charrettes de foin.
Et les choses autour de moi, pleines de soin,
Restaient tièdes des mains qui les avaient tenues.

Dans les coins, se mêlant aux pailles des fumiers,
La charrue et la faulx et la herse et l'échelle
Luisaient ; et l'on voyait les pommes aux pommiers,
Et les vaches porter leur quadruple mamelle.

Le pigeonnier vétuste était comme une tour
Au milieu de la grasse et luisante volaille,
Et le chien noir dormait, arrondi dans sa paille,
En attendant le soir où tous sont de retour.

Ainsi, derrière ces carreaux voilés de vignes,
Avaient ici vécu, du maître aux serviteurs,
Des générations travailleuses et dignes,
Cette ferme battait du coup rude des cœurs.

Dans le son enroué d'une lointaine cloche,
Le seizième siècle avec l'heure y sonnait,
Bénissant cette vie active et sans reproche
Que depuis bien des temps tout le monde connaît ;

Et ma race étant là tout entière, chez elle.
Moi, dans l'ombre et dans l'or du chaume doux et haut,
Je me sentais pelotonnée et l'âme au chaud,
Comme un poussin heureux qu'on a remis sous l'aile.

II

De songer au bonheur qu'ils ont d'être chez eux
Quand il y a ceux-là qui sont dans les Afriques
Sur leur sol cuit au grand soleil comme les briques,
Sans eau, qu'un peu, mourait dans les lauriers fiévreux !

L'Afrique, le pays brûlé des vaches maigres,
Le pays qui n'a pas de foins et pas de lait,
Où vivent, dans l'horreur d'un labour incomplet,
Les Arabes, mauvais paysans, et les nègres.

Écoute, notre beau pays si chaud, si froid,
Cœur des quatre saisons, ô province herbagère :
L'Afrique, vigne esclave et moisson étrangère,
Est le sol où jamais personne n'est chez soi.

Notre terre, plains donc cette terre trahie,
Toi qui vis de richesse et de tradition !
Ce n'est des deux côtés qu'insatisfaction :
L'Europe est en exil, l'Arabie envahie.

— C'est pourquoi, ferme d'aujourd'hui que nous aimons,
Nous qui venons de loin sur le bord de la route,
Petite, seule et grave, et sans que nul s'en doute,
Nous respirons ton bonheur calme à pleins poumons.

DANS LE PORT

Côtes grises et mâts et lenteurs de fumées,
Avec un peu de bleu qui traîne sur la mer.

Beau désordre marin de ces choses aimées
Laissant dans notre esprit un rêve obscur et clair.

On va. Le jour qui meurt dans la brume s'abrège,
C'est un hâtif couchant d'automne sur le port,

Où, fantôme hantant les bateaux de Norvège,
L'âme d'Ibsen débarque avec les bois du Nord…

VISITATION

Ton cimetière avec ses quelques croix debout
M'attendait. Avec moi, quand j'ai poussé la porte,
Le premier soir d'Octobre est entré d'un seul coup
Assombrir ce coin d'herbe et d'humanité morte.

— Grand'mère, je m'avance ; écoute-moi marcher.
Pour la première fois ta tombe solitaire

M'accueille, et je voudrais doucement me pencher
Comme pour écouter ton cœur battre sous terre.

Je t'apporte autre chose et mieux que du chagrin.
Je t'apporte le soir, l'automne commencée,
Les chemins que j'ai pris pour venir, l'air marin,
Tout le pays qui pèse à ma tête baissée.

Mon jeune âge fleurit ta dernière maison.
Ces larmes, dont le sel inattendu t'arrose,
Me secouent sur ton tombeau neuf, comme la rose
Fragile et pleine d'eau de l'arrière-saison.

Je touche avec terreur la terre qui t'étouffe.
Ton corps de mère est donc ici, vieux et puissant,
À n'engendrer plus rien que ces herbes en touffe,
Après avoir créé la race de ton sang…

Mais je l'atteste ici : je suis de ton lignage.
Ma bouche filiale, ô défunte, ô mon nom,
Ne pouvant s'enfoncer jusqu'où dort ton visage,
Baise la croix debout sur toi, couchée en long.

DIALOGUE

— Absente, te voici ? D'où viens-tu donc ?
       — De loin.
— Et qu'as-tu fait ?
    — Je ne sais plus.
      — Et qui t'amène ?
— Toi, pays ! ton odeur de goudron et de foin.
— Ne rapportes-tu rien ? Ni l'amour ni la haine ?
— Rien.
   — Quel est ton trésor ?
     — L'amour qu'on a pour moi.
— Tes yeux sont si changés ! Qu'as-tu vécu ?
      — La vie.
— Cœur glacé ! Quelle est donc aujourd'hui ton envie ?
Qu'attends-tu ?
   — Le hasard.
     — N'as-tu donc nul émoi ?
— Si ! te revoir, ô mon pays !
     — Pourquoi ?
      — Je t'aime
— Qu'y a-t-il donc en moi qui te touche ?
      — Moi-même

AINSI SOIT-IL

AINSI SOIT-IL

À J. C. M.

Je souris maintenant à mon rêve exaucé,
À cette destinée imprévue et fatale
Qui ramène de loin vers la côte natale
Mon cœur qui s'y était, malgré tout, fiancé.

Ainsi soit-il ! Je vais vivre et mourir à l'aise
Dans ce morceau du sol normand qui m'appartient,
Contempler de longs ans, autour de moi, mon bien,
À travers la clarté des vitres Louis seize.

En haut, c'est le seuil fier où s'inscrira mon nom.
En bas, au bout des prés, c'est la ferme et l'étable,
Et le tout agencé comme en ce siècle aimable
Qui mit la métairie auprès de Trianon.

Ma maison est au cœur d'une noble avenue
Où d'anciens tilleuls font un jour sombre et clair.
Du fond de ma maison je pourrai voir la mer
Et la ville, écouter leur allée et venue.

Les corbeaux sur son toit chantaient dies iræ,
Les ronces l'étreignaient, on la disait hantée.
Pour qu'elle soit aussi par mon âme habitée,
Moi, fantôme vivant, je la restaurerai.

Des roses fleuriront le ciel, le long des rampes ;
Des soupirs et des ris de jeunesse et d'amour
S'entendront. Ce sera comme sur les estampes
De mon délicieux ancêtre Debucourt.

Les relents vigoureux qui montent des herbages
S'orneront d'un parfum de rose et de tilleul,
Et j'entendrai, bercée au fond de mon fauteuil,
Les bruits du port d'Honfleur qui parlent de voyages.

Or, je repartirai ! Mais que soit mon espoir
Fait de pâle soleil, de verdure étoilée ;
Je veux toujours chérir, le long de mon allée.
Après les jeux du jour, les tristesses du soir.

Je veux le beau temps bleu, l'orage couleur d'encre,
Toute la vie au creux des mêmes horizons.
Que la succession de mes quatre saisons

S'accomplisse en ce lieu choisi : j'ai jeté l'ancre !

Puissé-je désormais ne jamais oublier
À travers Orients, sables et cités blanches,
Mes tilleuls, ma maison, ma ferme, et ce noyer
Qui porte doucement ma ville entre ses branches,

Puissé-je n'aimer rien que mon domaine en fleur
Et le vieux médaillon au-dessus de la porte,
Le foyer où mon âme, enracinée et forte,
Doit accomplir, jusqu'à la fin, tout son bonheur.